汽修工案头必备书系　机电维修

汽车空调系统
结构·原理·检修一本通

古雅明　罗健章　编

机械工业出版社

本书按照汽车空调的使用习惯编写,以图解的形式,介绍了汽车空调系统的基本结构、汽车空调系统维修操作流程、常见故障诊断与排除、使用和维护等方面的知识。本书以培养初学汽车空调系统维修从业者的综合职业能力和标准化、规范化操作过程为目标,着眼于维修技能的发展,涵盖了汽车空调检修操作的典型工作任务。

本书适用于汽车使用、维修、检测和管理等行业的有关人员学习参考,也可作为职业技术院校汽车相关专业师生的参考用书。

图书在版编目（CIP）数据

汽车空调系统结构·原理·检修一本通/古雅明，罗健章编. —北京：机械工业出版社，2024.2

（汽修工案头必备书系. 机电维修）

ISBN 978-7-111-74575-4

Ⅰ. ①汽… Ⅱ. ①古… ②罗… Ⅲ. ①汽车空调–构造 ②汽车空调–检修　Ⅳ. ①U463.850.3 ②U472.41

中国国家版本馆 CIP 数据核字（2024）第 024354 号

机械工业出版社（北京市百万庄大街22号　邮政编码100037）
策划编辑：谢　元　　　　　　　　　　　责任编辑：谢　元　丁　锋
责任校对：甘慧彤　薄萌钰　韩雪清　　　封面设计：马精明
责任印制：单爱军
北京虎彩文化传播有限公司印刷
2024年4月第1版第1次印刷
184mm×260mm・11.75印张・285千字
标准书号：ISBN 978-7-111-74575-4
定价：79.00元

电话服务　　　　　　　　　　　网络服务
客服电话：010-88361066　　　　机　工　官　网：www.cmpbook.com
　　　　　010-88379833　　　　机　工　官　博：weibo.com/cmp1952
　　　　　010-68326294　　　　金　书　网：www.golden-book.com
封底无防伪标均为盗版　　　　机工教育服务网：www.cmpedu.com

前言

汽车空调是汽车的关键部件之一，无论是汽车的保养、维护还是维修都要涉及此部件，而且由于换季及气候变化等因素的影响，汽车空调系统更加容易出现故障，因此汽车空调维修是汽车维修技术人员必备的基本功。

本书结合当下主流车系和车型，以图、文、表相结合的方式，系统地介绍了汽车手动空调和自动空调的原理构造、检查更换和拆装维修的方法、步骤、要领。全书内容共分为5章，依次为汽车空调制冷/暖风系统、通风系统的基础知识、部件结构与控制电路、维护、检测与拆装、故障诊断。

本书适合从事汽车空调保养和维修的技术人员使用，也可作为汽车维修培训机构以及职业技术院校汽车相关专业师生的参考用书。

由于编写时间仓促，疏漏之处在所难免，敬请读者批评指正！

编者

资源说明页

本书附赠全套《汽车空调维修入门》讲解视频，内含 30 个微课视频，总时长 325 分钟。

获取方式：

1. 微信扫码（封底"刮刮卡"处），关注"天工讲堂"公众号。

2. 选择"我的"—"使用"，跳出"兑换码"输入页面。

3. 刮开封底处的"刮刮卡"获得"兑换码"。

4. 输入"兑换码"和"验证码"，点击"使用"。

通过以上步骤，您的微信账号即可免费观看全套课程！

首次兑换后，微信扫描本页的"课程空间码"即可直接跳转到课程空间。

《汽车空调维修入门》
课程空间码

目 录
CONTENTS

前言

第 1 章 汽车空调制冷/暖风系统、通风系统的基础知识 /001

一、汽车空调制冷/暖风系统、通风系统的组成与工作原理 /002
二、维修安全操作 /009

第 2 章 汽车空调制冷/暖风系统、通风系统部件结构与控制电路 /015

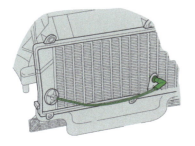

一、制冷系统部件结构 /016
二、暖风系统部件结构 /029
三、通风系统部件结构 /033
四、传感器及其他部件 /035
五、空调控制系统 /043

第 3 章 汽车空调制冷/暖风系统、通风系统的维护 /047

一、汽车空调制冷系统的检漏 /048
二、汽车空调系统抽真空与加注制冷剂 /055
三、汽车空调系统的维护 /068

第 4 章　汽车空调制冷／暖风系统、
　　　　 通风系统的检测与拆装　　　／077

一、制冷系统的检测与拆装　　／078
二、暖风系统的检测与拆装　　／097
三、通风系统的检测与拆装　　／101
四、传感器及其他部件的检测与拆装　／104

第 5 章　汽车空调制冷／暖风系统、
　　　　 通风系统的故障诊断　　　／119

一、汽车空调制冷系统常见故障诊断
　　与排除　／120
二、汽车暖风／通风系统常见故障诊断
　　与排除　／128
三、汽车空调制冷系统电路故障诊断
　　与排除　／130
四、汽车空调暖风系统电路故障诊断
　　与排除　／158
五、汽车空调通风系统电路故障诊断
　　与排除　／169

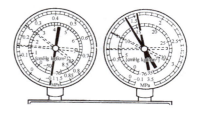

参考文献　　　　　　　　　　／179

第1章
汽车空调制冷/暖风系统、通风系统的基础知识

本章目录

一、汽车空调制冷/暖风系统、通风系统的组成与工作原理

二、维修安全操作

一 汽车空调制冷/暖风系统、通风系统的组成与工作原理

1. 汽车空调制冷/暖风系统、通风系统的作用

(1) 汽车空调制冷系统的作用（图 1-1-1）

汽车空调又称汽车空气调节装置，空调制冷系统的作用是降低车厢内温度，使车内保持舒适的温度环境。

汽车空调的作用：

1）把汽车车厢内的温度、湿度、空气清洁度及空气流动调整和控制在良好的状态。

2）为乘员提供舒适的乘坐环境。

3）减少旅途疲劳，为驾驶员创造良好的工作条件。

4）保证安全行车。

图 1-1-1 汽车空调制冷系统的作用

(2) 汽车空调暖风系统的作用（图 1-1-2）

汽车空调暖风系统的作用是将空气送入换热器，吸收某种热源的热量，提高空气的温度，并将热空气送入车内。

1）取暖。冬季天气寒冷，正在行驶的汽车内驾乘人员会感觉到冷。这时，汽车空调可以向车厢内提供暖风，提高空气温度。

2）除霜。冬季或初春，车厢内、外温差较大，车窗玻璃会结霜或起雾，这样会影响驾驶员的视线，不利于安全行驶，这时可以用暖风来除去玻璃上的雾和霜。

(3) 汽车空调通风系统的作用（图 1-1-3）

通风系统的作用是在汽车行驶时保证车厢内通风，即对车厢内不断加入新鲜空气，驱排混有尘埃、二氧化碳及来自发动机的有害气体。在寒冷的冬季，还应对新鲜空气进行调温，以保证车厢内温度适宜。

图 1-1-2 汽车空调暖风系统的作用

图 1-1-3 汽车空调通风系统的作用

2. 汽车空调制冷／暖风系统、通风系统的组成

（1）燃油汽车空调制冷系统的组成

传统燃油汽车空调制冷系统由压缩机、电磁离合器、冷凝器、蒸发器、膨胀阀、贮液干燥器、制冷剂管路、冷却风扇和控制系统等组成，如图 1-1-4 所示。汽车空调分高压侧和低压侧，高压侧包括压缩机输出侧、高压管路、冷凝器、贮液干燥器和液体管路；低压侧包括蒸发器、回气管路、压缩机输入侧。

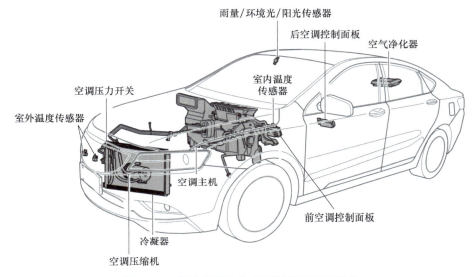

图 1-1-4　传统燃油汽车空调制冷系统的组成

（2）混合动力汽车空调制冷系统的组成

混合动力汽车空调制冷系统由电动压缩机、冷凝器、蒸发器、动力蓄电池制冷剂截止阀、干燥器、制冷剂管路、冷却风扇和控制系统等组成，如图 1-1-5 所示。

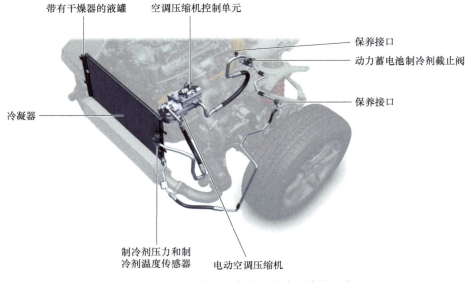

图 1-1-5　混合动力汽车空调制冷系统的组成

（3）燃油汽车暖风系统的组成

燃油汽车水暖式暖风系统的主要组成部件有控制开关、发动机散热器、回水管、鼓风机、暖风水箱和出水管，如图1-1-6所示。

（4）纯电动汽车暖风系统的组成

纯电动汽车水暖式暖风系统的主要组成部件有控制开关、正温度系数（PTC）加热器、PTC电动水泵、热交换器总成、回水管、鼓风机、加热器芯和出水管，如图1-1-7所示。

（5）汽车通风系统的组成

新能源汽车与传统汽车空调通风系统主要由鼓风机、风门伺服电机、风门、出风口、各出风管道和蒸发箱等组成，如图1-1-8所示。

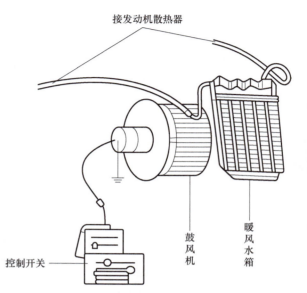

图1-1-6 燃油汽车暖风系统的组成

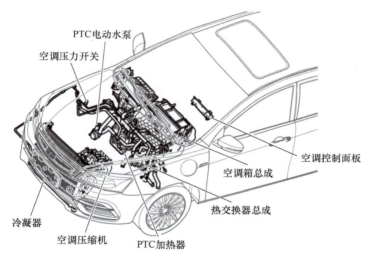

图1-1-7 吉利纯电动汽车暖风系统的组成

3. 汽车空调制冷/暖风系统、通风系统的工作原理

（1）汽车空调制冷系统的工作原理

1）热交换的基本概念。热交换是指热量从物体内温度较高的部分传递到温度较低的部分，或者传递到与之接触且温度较低的另一物体的过程。

如图1-1-9所示，液化是指物质由气态转变为液态的过程，此过程会对外界放热；汽化是指物质由液态转变为气态的过程，此过程需要从外界吸热。液化的典型方式是凝结；汽化的两种方式为蒸发和沸腾。

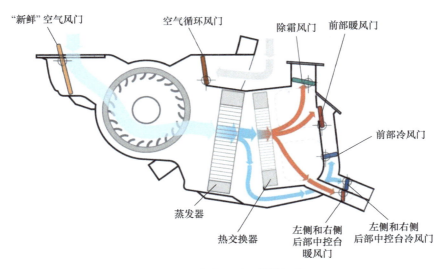

图 1-1-8 汽车通风系统的组成

2）传统汽车制冷系统的工作原理。汽车空调和我们熟悉的家用空调制冷原理是一样的，都是利用制冷剂（汽车空调所用为 R-134a）进入蒸发器的瞬间，体积急剧膨胀，制冷剂由液态转化为气态，汽化过程中吸收大量热能的原理来实现制冷的。汽车空调制冷系统就是不断地将制冷剂进行"液化—汽化—液化"的转换装置。

汽车空调制冷系统都是采用 R-134a（四氟乙烷，又称 HFC-134a）为制冷剂的蒸气压缩式循环系统，制冷系统工作时，制冷剂以不同的状态在这个密闭系统内循环流动，如图 1-1-10 所示，每一循环需进行 4 个基本过程：

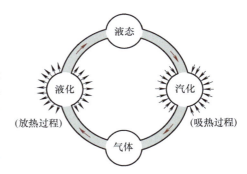

图 1-1-9 热交换的基本概念

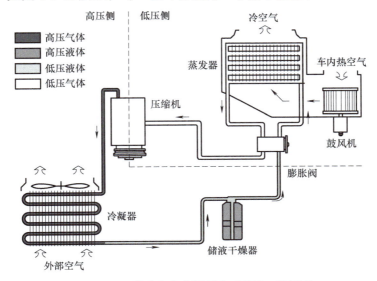

图 1-1-10 传统汽车空调制冷系统的工作原理

① 压缩过程。压缩机将蒸发器低压侧（温度约为0℃、气压约为0.15MPa）的低温低压气态制冷剂压缩成高温（70~80℃）、高压（约1.5MPa）的气态制冷剂，送往冷凝器冷却降温。

② 冷凝过程。送往冷凝器的过热气态制冷剂，在温度高于外部温度很多时，对外散热进行热交换，制冷剂冷凝成中温、压力为1.0~1.2MPa的液态制冷剂。

③ 膨胀过程。冷凝后的液态制冷剂经过膨胀阀使制冷剂流过空间体积增大，其压力和温度急剧下降，变成低温（约-5℃）、低压（约为0.15MPa）的湿蒸气，以便进入蒸发器中迅速吸热蒸发。在膨胀过程同时进行流量控制，以便供给蒸发器适量的制冷剂，从而达到控制蒸发器温度的目的。

④ 蒸发过程。液态制冷剂通过膨胀阀，流经蒸发器，不断吸热汽化转变成低温（约为0℃）、低压（约为0.15MPa）的气态制冷剂，吸收乘员舱内空气的热量。从蒸发器流出的气态制冷剂又被吸入压缩机，增压后泵入冷凝器冷凝，进行制冷循环。

制冷循环就是利用有限的制冷剂在封闭的制冷系统中，周而复始地将制冷剂压缩、冷凝、膨胀、蒸发，在蒸发器中吸热汽化，对乘员舱内空气进行制冷降温。

3）新能源汽车制冷系统的工作原理。如图1-1-11所示，压缩机受高压电驱动，当压缩机工作时，压缩机吸入从蒸发器出来的低温低压的气态制冷剂，经压缩，制冷剂的温度和压力升高，并被送入冷凝器。在冷凝器内，高温高压的气态制冷剂把热量传递给经过冷凝器的车外空气而液化，变成液体。液态制冷剂流经膨胀阀时，温度和压力降低，并进入蒸发器。在蒸发器内，低温低压的液态制冷剂吸收经过蒸发器的车内空气的热量而蒸发，变成气体。气体又被压缩机吸入进行下一轮循环。这样，通过制冷剂在系统内的循环，不断吸收车内空气的热量并排到车外空气中，使车内空气的温度逐渐下降。

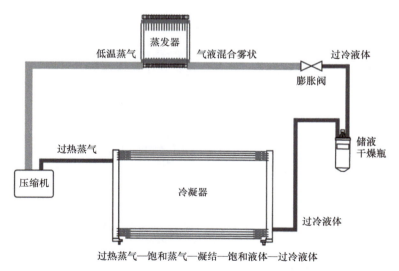

图1-1-11 吉利纯电动汽车制冷系统的工作原理

（2）汽车暖风系统的工作原理

1）传统汽车暖风系统的工作原理。汽车空调的制热一般是利用发动机散热器提供的热量来实现的，不需要起动车载空调系统。在蒸发箱的旁边有一个铜质的小暖风水箱，又称为

第 1 章 汽车空调制冷/暖风系统、通风系统的基础知识

热交换器,直接通过水管连接发动机散热器,鼓风机吸进来的冷风通过热交换器的表面后,吸收了热量变成暖风进入乘员舱,如图 1-1-12 所示。

2)新能源汽车暖风系统的工作原理。如图 1-1-13 所示,当自动空调系统处于加热模式时,加热器在高压电的作用下对冷却液进行加热,高温冷却液被加热器水泵抽入加热芯体。同时,冷暖温度控制电机旋转至采暖位置,气流在鼓风机的作用下流过加热芯体,产生热量传递。外部空气在进入乘员舱前,与加热后的空气混合,变为舒适的暖风。

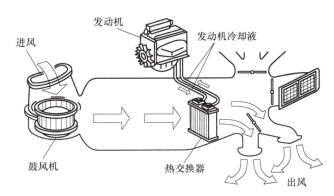

图 1-1-12 传统汽车暖风系统的工作原理

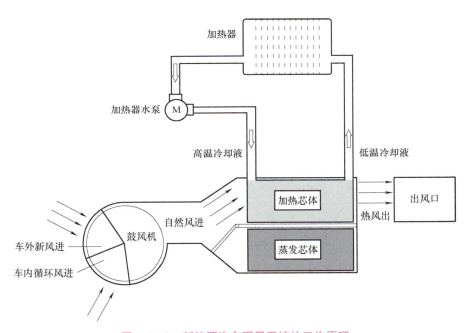

图 1-1-13 新能源汽车暖风系统的工作原理

(3)汽车通风系统的工作原理

通风控制系统上的各种位置可使模式阀门通过风道混合空气,或引入冷风、热风和外部空气通过空调系统,气流由风道系统和出风口将空气输送到乘员舱。

在"AUTO"(自动)模式中会自动选择相应的模式状态,使用"MODE"(模式)按钮可更改车辆的送风模式。如果当前显示一个送风模式,则按"MODE"(模式)按钮可选择下一个送风模式。

如图 1-1-14 所示,空气流向按下列模式进行改变:

1)吹面——通过仪表板出风口送风。

2）双向——通过仪表板出风口、吹脚出风口送风。

3）吹脚——通过吹脚出风口送风。

4）混合——通过吹脚、前风窗出风口送风。

5）除霜——通过前风窗出风口送风。

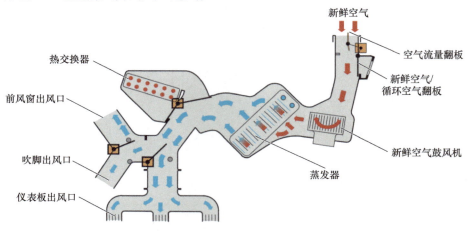

图 1-1-14　汽车通风系统的工作原理

4. 冷冻机油

（1）作用

汽车空调冷冻机油主要起润滑、密封、降温以及能量调节 4 个作用。

1）润滑。冷冻机油在压缩机运转中起润滑作用，以减小压缩机运行摩擦和磨损程度，从而延长压缩机的使用寿命。

2）密封。冷冻机油在压缩机中起密封作用，使压缩机内活塞与气缸面之间、各轴承之间达到密封的状态，以防止制冷剂泄漏。

3）降温。冷冻机油在压缩机各运动部件间润滑时，可带走工作过程中所产生的热量，使各运动部件保持较低的温度，从而提高压缩机的效率和使用的可靠性。

4）能量调节。对于带有能量调节机构的制冷压缩机，可利用冷冻机油的油压作为能量调节机械的动力。

（2）注意事项

必须使用压缩机厂家规定类型和牌号的冷冻机油，不同类型和牌号的机油绝不能混用，否则将损坏压缩机。机油极易吸水，应尽量减少机油与空气接触的时间。

禁止使用水、腐蚀性溶剂或易燃、易爆溶剂清洗空调系统，建议使用 R-141b、庚烷等清洗剂。

严格按规定的加注量加注，注意机油是阻碍换热的，过量加注将严重降低空调效果；一般情况下无需加注机油，机油已由压缩机厂家充注。

加注前应先检查管路中机油品质，如发现严重发黑或碳颗粒析出现象，应彻底清洗整个空调系统，并更换全部机油。

机油应在抽真空前从压缩机排气口加注。

冷冻机油，应符合制冷系统的规定：

1）R-134a 系统：聚烃基乙二醇（PAG）、聚酯类油（POE）、多羟基化合物（ND11，用于混合动力电驱动压缩机）。

2）R-12（二氟二氯甲烷，又称CFC-12）系统：矿物基类油。

二 维修安全操作

1. 常用工具及设备

（1）通用工具

汽车空调维修通用工具包括活扳手、呆扳手、套筒扳手、内六角扳手、鲤鱼钳、尖嘴钳、十字螺丝刀、一字螺丝刀、汽车内饰撬板、汽车专用万用表、低压测电笔、绝缘工具等，如图 1-2-1 所示。

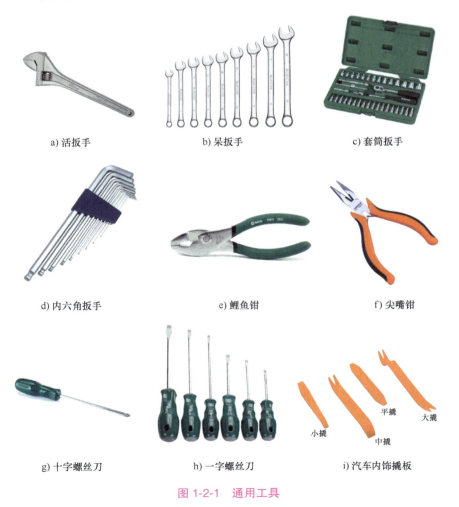

图 1-2-1　通用工具

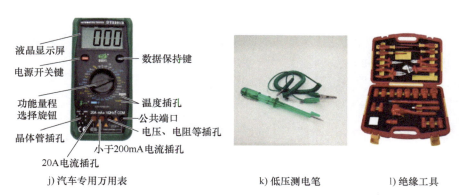

j）汽车专用万用表　　　　k）低压测电笔　　　　l）绝缘工具

图 1-2-1　通用工具（续）

（2）专用工具及设备

1）制冷剂鉴别仪。制冷剂鉴别仪（图 1-2-2）可以对汽车空调系统中的制冷剂进行纯度测试，它能识别汽车空调系统中的制冷剂型号及纯度。

制冷剂，俗称"冷媒"或"雪种"，汽车空调制冷剂有两类，一类是 R-12，另一类是 R-134a。由于 R-12 对环境不友好，所以世界各国基本都已停止在车载空调上使用。我国自 2002 年起下线的新车，已不再使用 R-12 空调系统，而采用更加环保但成本更高的 R-134a 空调系统。

若制冷剂不纯，既会影响空调制冷效果，又会造成密封件的腐蚀损坏。对于带有制冷剂回收功能的空调检测维修设备，若回收的制冷剂纯度不达标，会污染制冷剂储存罐中的纯净的制冷剂。因此，在空调的维修作业中和使用制冷剂回收加注设备之前，需要借助制冷剂鉴别仪对相关的制冷剂进行纯度测试，确保维修中使用的是纯净的制冷剂。

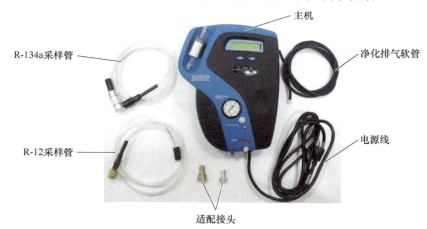

图 1-2-2　制冷剂鉴别仪

2）检漏仪。空调系统中的制冷剂出现的泄漏达到一定的程度，不仅会影响空调制冷效果，泄漏出来的制冷剂还会对环境造成影响。测试制冷剂泄漏的方法有很多种，如外观检漏法、压力检漏法、真空检漏法、皂泡检漏法、电子检漏仪检漏法、荧光检漏法等。

电子卤素检漏仪是目前被各大汽车厂商广泛采用的一种检漏设备，如图 1-2-3 所示，它还具备检测灵敏度调节、静音等功能。检漏仪操作时，探头缓慢地环绕空调管道进行检测，当检测到存在制冷剂泄漏处时设备会发出提示。

荧光检漏测试常采用荧光检漏测试仪进行作业,如图 1-2-4 所示。将荧光剂注入空调系统,染料将会随制冷剂在空调系统中循环,当空调系统存在泄漏或存在过泄漏时,染料会遗留在漏点处。高强度的紫外光照射到染料上将产生颜色变化,这样就可以迅速测出车辆空调系统的泄漏点了。

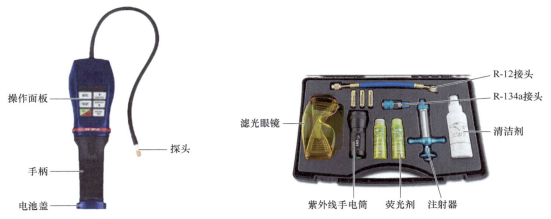

图 1-2-3　电子卤素检漏仪　　　　　图 1-2-4　荧光检漏测试仪及配套设备

3)歧管压力表组。歧管压力表组由 2 个压力表(低压表和高压表)、2 个手动阀(高压手动阀和低压手动阀)、3 个软管接头(一个接低压工作阀、一个接高压工作阀、一个接制冷剂瓶或真空泵吸入口)组成,如图 1-2-5 所示。

歧管压力表组既可以完成对制冷剂的回收及加注,也可以用于执行系统压力的检查及抽真空等操作。

4)回收加注机。由于使用压力表组进行制冷剂回收与加注过程还需要额外配备对应的真空泵,操作比较复杂,因此压力表组目前主要是承担系统压力的检测及维修过程中制冷剂补充加注的简单工作。为了能够同时保证汽车空调维修及保养标准和减小对大气的污染,制冷剂的回收、抽真空、加注等维修步骤,一般推荐使用制冷剂回收/再生/加注一体机,如图 1-2-6 所示。

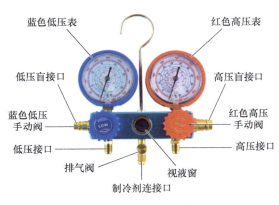

图 1-2-5　歧管压力表组

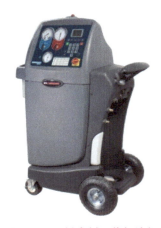

图 1-2-6　制冷剂回收加注机

5）真空泵。真空泵内的润滑剂与 R-134a 空调系统指定润滑剂不兼容。真空泵的通风侧是暴露在空气中的。因此，真空泵的润滑剂可能会从真空泵流出进入维修软管中，当泵在抽真空后关闭，且有软管与其连接时，这种情况有可能发生。

为了防止这种流动发生，在软管与泵连接处附近安装一个手动阀，如图 1-2-7 所示。

通常真空泵都有手动隔离阀。关闭这个阀，就可将维修软管与泵隔离。

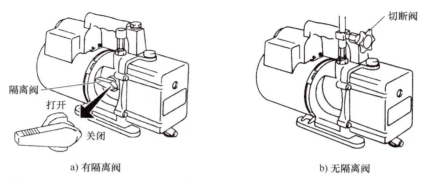

图 1-2-7 真空泵

对于没有隔离阀的泵，请在靠近泵的末端使用一根带手动截止阀的软管来实现这个功能。关闭这个阀，就可将软管与泵隔离。

如果软管有自动截止阀，则从泵上断开软管。只要这个软管与泵连接，自动阀就会打开，润滑剂就会流入。

某些单向阀可以在真空状态时打开，非真空状态时关闭。这些阀会限制泵抽高度真空的能力，因此不推荐使用。

2. 维修汽车空调系统的注意事项

应在通风良好的环境中进行作业，应避免吸入空调制冷剂 R-134a 和冷冻机油蒸气或雾，接触它们后会刺激眼睛、鼻子和咽部。从空调系统中排空 R-134a 时，应使用经认证的满足要求的维修设备（R-134a 再生设备）。如果系统发生意外排放，在继续维修前，必须对工作区通风。其他有关健康和安全的信息，可从制冷剂和机油制造商处获得。

维修电气系统前必须断开蓄电池的负极端子，并拆下车载充电器处直流母线。禁止在装有空调管路或部件的车辆上或其附近进行焊接或蒸汽清洗作业。

空调制冷剂应避免以下操作：

1）不可在阳光照射处或有热源的地方储存制冷剂。
2）在充填时，不可将制冷剂瓶直立，保持它们的阀门朝下。
3）不可使制冷剂瓶暴露在霜雪中。
4）不可跌落制冷剂瓶。
5）在任何情况下，不可将制冷剂直接排放至大气中。
6）不可混用制冷剂，例如 R-134a 与 R-12。

3. 维修汽车空调系统时的个人防护

打开制冷系统时必须遵守制造厂商所提供的说明，要戴护目镜与防护手套（图 1-2-8），避免皮肤直接接触制冷剂，防止冻伤。

a) 护目镜　　　　　　　b) 防护手套

图 1-2-8　个人防护用品

在维修新能源汽车空调系统时，必须使用绝缘工具，穿戴个人绝缘防护用品（图 1-2-9）。

（1）绝缘手套

1）使用绝缘材料制成的防护手套。

2）防护手套必须能够抵抗 600V 或以上的电压。

（2）绝缘安全鞋

1）使用绝缘材料制成的防护鞋。

2）防护鞋必须能够抵抗 600V 或以上的电压。

a) 绝缘手套　　　　　b) 绝缘安全鞋　　　　　c) 绝缘头盔

图 1-2-9　个人绝缘防护用品

第 2 章
汽车空调制冷/暖风系统、通风系统部件结构与控制电路

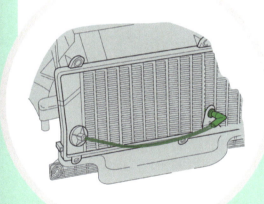

本章目录

一、制冷系统部件结构
二、暖风系统部件结构
三、通风系统部件结构
四、传感器及其他部件
五、空调控制系统

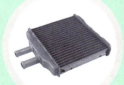

一　制冷系统部件结构

1. 空调压缩机

（1）活塞式压缩机

1）曲轴连杆式压缩机。曲轴连杆式压缩机目前在大、中型客车中仍然在使用。这种压缩机的结构与发动机相似，由曲轴连杆驱动活塞在气缸内不断地运动，以改变气缸的容积，从而在制冷系统中起到压缩和输送制冷剂的作用。压缩机的工作可分为压缩、排气、膨胀、吸气4个过程。这种压缩机由于体积较大，目前已很少在乘用车上使用。

曲轴连杆式压缩机的具体结构如图2-1-1所示。这种压缩机一般采用双缸结构，曲轴回转，带动连杆使活塞进行往复运动，吸入和压缩气体。活塞上部的缸体上装有进、排气阀总成，在曲轴和壳体之间装有防止制冷剂泄漏的轴封。为保证零部件的正常运动，在曲轴箱内有规定容量的压缩机润滑油及供油设施。

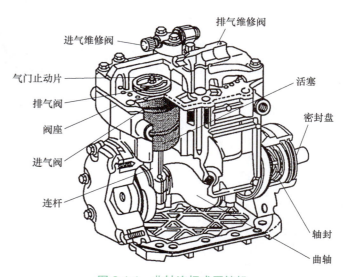

图2-1-1　曲轴连杆式压缩机

① 曲轴连杆机构由活塞、活塞销、连杆、曲轴、轴承组成。曲轴连杆机构通过活塞销连杆，将曲轴的旋转运动转换成活塞的往复运动，使制冷剂吸入和压缩，实现制冷剂的循环。

② 进、排气阀机构由进气阀片、排气阀片、阀板和限位板等组片组成。当活塞下行时，气缸内压力降低，从蒸发器来的低温、低压气体在压力差的作用下，推开进气阀片进入气缸，如图2-1-2a所示。当活塞上行时，制冷剂被压缩，压力上升，进气阀片被制冷剂压向关闭位置，如图2-1-2b所示。

③ 润滑机构。曲轴连杆机构由于高速运转，摩擦副部位必须要有良好的润滑。常见的润滑方式有飞溅润滑和油泵润滑两种。油泵润滑又称强制性润滑，是利用连接于主轴尾端的油泵，将积存于曲轴箱底部的润滑油吸入，通过主轴中的油孔向各轴承及轴封供油。

④ 轴密封机构由弹性挡圈、密封座、O形圈、轴封等组成。由于汽车空调压缩机工作环境十分恶劣，不仅灰尘大、振动大，而且起动频繁、主轴易窜动，因此汽车空调对轴封的要求很高。在不同环境条件下，当压缩机起动、运转、停车和主轴发生颤振与少许窜动时，轴封都能阻止制冷剂泄漏。为此，要求轴封的固定部位（静环圈）和旋转部位（动环圈）的接触面（密封面）处有较高的加工精度，轴封材料要具有耐磨、耐油、耐制冷剂腐蚀和耐高温等性能，而且还要考虑轴封材料之间、轴封材料与压缩机主轴之间的配合间隙及热膨胀特性。

第 2 章 汽车空调制冷/暖风系统、通风系统部件结构与控制电路

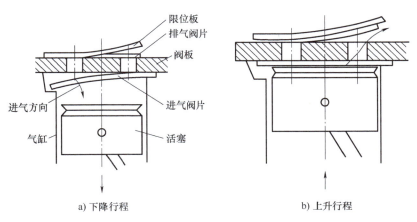

图 2-1-2 曲轴连杆式压缩机进、排气阀工作原理

旋转斜盘压缩机（图 2-1-3）的主要零件是主轴和斜盘。这种压缩机通常在机体圆周方向上布置有 6 个或者 10 个气缸，各气缸主轴为中心布置，每个气缸中安装 1 个双向活塞形成 6 缸机或 10 缸机，如是 6 缸，3 缸在前部，3 缸在后部；如是 10 缸，5 缸在前部，5 缸在后部。

双向活塞的 2 个活塞各自在相对的气缸（一前一后）中，活塞一端在前缸中压缩制冷剂蒸气时，另一端就在后缸中吸入制冷剂蒸气，反向时作用相反。各缸均备有进气阀和排气阀，另有一根高压管，用于连接前后高压腔。

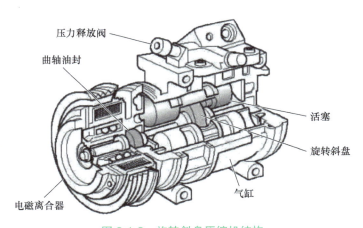

图 2-1-3 旋转斜盘压缩机结构

如图 2-1-4 所示，斜盘与压缩机主轴固定在一起，斜盘的边缘装在活塞中部的槽中，活塞槽与斜盘边缘通过钢球轴承支承在一起。当主轴旋转时，斜盘也随着旋转，斜盘边缘推动活塞做轴向往复运动。如果斜盘转动 1 周，前后 2 个活塞各完成压缩、排气、膨胀、吸气 1 个循环，相当于 2 个气缸作用。如果是轴向 6 缸压缩机，缸体截面上均匀分布 3 个气缸和 3 个双向活塞，当主轴旋转 1 周，相当于 6 个气缸的作用。

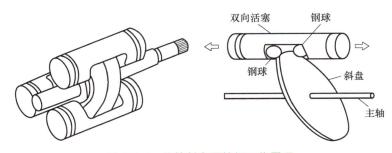

图 2-1-4 旋转斜盘压缩机工作原理

2）旋转/摆动斜盘压缩机。摆动斜盘压缩机的气缸以压缩机的轴线为中心，均匀分布，连杆连接活塞和摆盘，两端采用球形万向联轴器，使摆盘的摆动和活塞移动相协调而不发生干涉，如图2-1-5所示。摆盘用钢球作为支承中心并用一对固定的锥齿轮进行限制，即摆盘只能摆动而不能转动。主轴和楔形的传动板连接在一起。压缩机工作时，主轴带动传动板一起旋转，由于楔形传动板的转动，迫使摆盘以钢球为中心，进行左右摇摆移动。摆盘和传动板之间的摩擦力，使摆盘具有转动的趋势，但是这种趋势被一对锥齿轮所限制，使得摆盘只能左右摆动，并带动活塞在气缸内做往复运动。目前，摆动斜盘压缩机已得到广泛的应用。

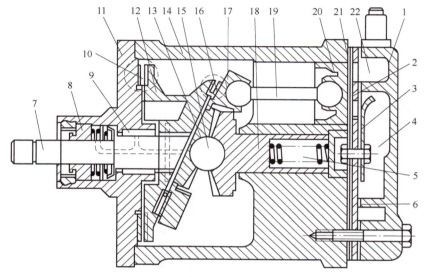

图2-1-5　摆动斜盘压缩机结构

1—后缸盖　2—阀板　3—排气阀片　4—排气腔　5—弹簧　6—后缸盖垫　7—主轴　8—轴封总成　9—滑动轴承　10—端面滚动轴承　11—前缸盖　12—楔形传动板　13、18—锥齿轮　14—缸体　15—钢球　16—摆盘圆柱滚子轴承　17—摆盘　19—连杆　20—活塞　21—阀板垫　22—吸气腔

摆动斜盘压缩机和旋转斜盘压缩机的工作原理基本相同，是将靠在主轴传动板上的摆盘的摇摆运动变为单向活塞沿轴向的往复运动，如图2-1-6所示。它与旋转斜盘压缩机的主要差别是：旋转斜盘压缩机是由斜盘直接驱动活塞往复运动的，而摆动斜盘压缩机则是由传动板带动摆盘，由摆盘驱动活塞往复运动。由于防旋齿轮或防旋销的作用，摆盘不能跟着传动板旋转，只以主轴为轴心被推着摆动。摆盘通过两端带有球铰的双球头连杆与活塞相连接，随着摆盘摆动，活塞在气缸内沿轴向往复运动。

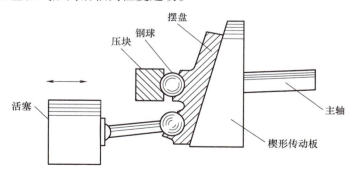

图2-1-6　摆动斜盘压缩机工作原理

3）变容量摆盘式压缩机。与普通摆盘式压缩机相比，变容量摆盘式压缩机最大的改进是在后端盖上装了一个波纹管控制器和导向器。波纹管放在吸气腔内，受蒸气气压控制，通过波纹管的动作来控制排气腔和摆盘室、吸气腔和摆盘室之间的阀门通道。导向器根据摆盘室内压力的大小，自动调节摆盘倾斜角度的大小。摆盘倾角越大，活塞行程越长，排出的气体也越多；摆盘倾角越小，活塞行程越短，排气量也越少。角度小时制冷量小，耗能也少。

4）斜盘式压缩机。斜盘式压缩机是一种轴向往复活塞式压缩机。它通过电磁离合器来周期性地接通和关闭压缩机，从而满足制冷需求。

斜盘式压缩机的主要零件有缸体、前后缸盖、前后阀板、活塞。它的斜盘固定在主轴上，钢球用滑靴和活塞的连接架固定，如图2-1-7所示。钢球的作用是使斜盘的旋转运动经钢球转换为活塞的直线运动时，由滑动变为滚动。这样可减小摩擦阻力和磨损，延长斜盘的使用寿命。

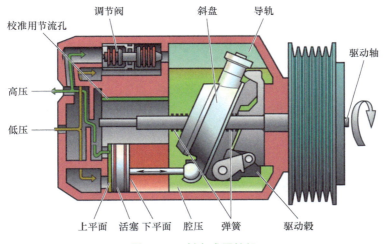

图2-1-7　斜盘式压缩机

5）变容量斜盘式压缩机。斜盘式压缩机实现容量变化的形式很多，但原理均相差不大，归根结底都是采用电磁三通阀来调节气缸内余隙容积大小，使排气量发生变化，从而达到调节制冷量大小的目的，如图2-1-8所示。

（2）旋转式压缩机

1）旋转叶片式压缩机。旋转叶片式压缩机的主要零部件有转子、主轴、贯通叶片等，如图2-1-9所示。旋转叶片式压缩机后端的排气室内设有一个较大的空间，用来分离油气，使制冷剂蒸气经分离后排出。油池里的润滑油在压差作用下，通过输油管压入转子的槽底，通过叶片和槽的间隙，进入气缸，润滑油同时还流到转子与前、后缸盖板的间隙中，对端面的轴承和油封进行润滑，另外还对主轴承进行润滑。润滑后的油随着制冷剂蒸气经压缩，再返回油气分离器。

2）旋转蜗杆式压缩机。旋转蜗杆式压缩机是一种新型压缩机，主要适用于汽车空调。它与往复式压缩机相比，具有效率高、噪声低、振动小、质量轻、结构简单等优点。旋转蜗杆式压缩机主要由螺旋型内盘、螺旋型外盘、排出孔、排出阀和轴等组成，如图2-1-10所示。

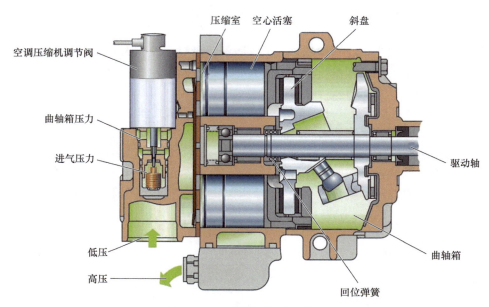

图 2-1-8　变容量斜盘式压缩机

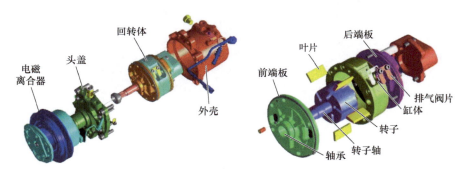

图 2-1-9　旋转叶片式压缩机

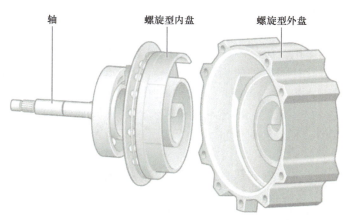

图 2-1-10　旋转蜗杆式压缩机

第 2 章　汽车空调制冷／暖风系统、通风系统部件结构与控制电路

（3）新能源汽车电动压缩机

新能源汽车压缩机类型为电动涡旋式，压缩机控制器与压缩机集成一体，通过电机自身的旋转带动涡旋盘压缩，完成制冷剂的吸入和排出，为制冷循环提供动力，其外观及结构分别如图 2-1-11 和图 2-1-12 所示。

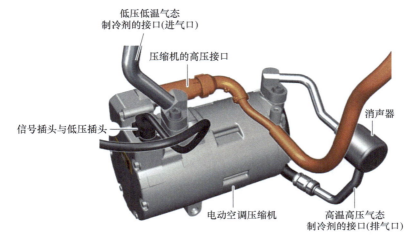

图 2-1-11　新能源汽车电动压缩机外观

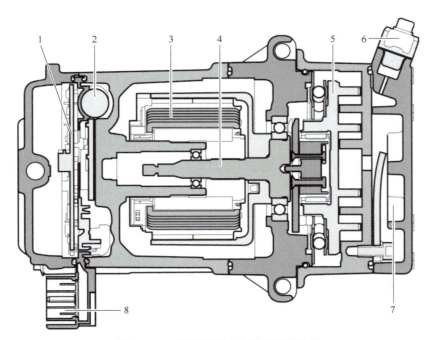

图 2-1-12　新能源汽车电动压缩机结构

1—电动压缩机控制单元和逆变器（DC/AC 变换器）　2—低温低压气态制冷剂接口（输入端）　3—三相交流同步电机　4—输入轴　5—螺旋形盘　6—油气分离器　7—高温高压气态制冷剂接口（输出端）　8—高电压插头

（4）压缩机工作原理

以旋转斜盘压缩机为例，发动机带动压缩机带轮旋转，带轮在电磁离合器闭合的情况

下，带动中轴转动，中轴与斜盘固定，斜盘转动带动左右两边的活塞进行往复运动，如图 2-1-13 所示。通过活塞往复运动和阀体的开闭，将制冷剂吸入压缩机，最后以高温高压的形式排出到冷凝器，如图 2-1-14 所示。

1）吸入行程。当发动机带动轴旋转时，活塞进行往复运动，此时气缸容积增大，压力减小，在比低压侧压力小时，开启进气阀门，制冷剂进入气缸。排气阀门由于压力小于高压侧，因此处于关闭状态。

2）压缩/排出行程。伴随着活塞运动，另一端气缸容积随之减小，压力增大，在比高压侧压力大时，开启排气阀门，制冷剂排出气缸。进气阀门由于压力高于低压侧，因此处于关闭状态。

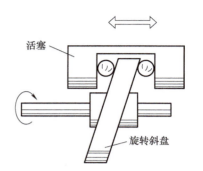

图 2-1-13 旋转斜盘压缩机工作示意图

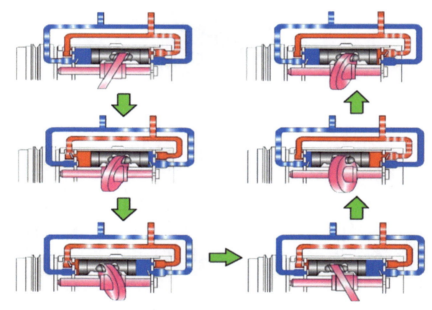

图 2-1-14 旋转斜盘压缩机工作行程示意图

2. 空调压缩机电磁离合器

电磁离合器由发动机通过带轮驱动旋转。当电磁离合器电路接通或断开，空调将起动或停止工作。电磁离合器由压盘、带轮、电磁线圈等元件组成（图 2-1-15）。

发动机通过多楔传动带来驱动带轮（图 2-1-15 中箭头所示），在压缩机关闭时带轮在空转。

如果接通了压缩机，那么电磁线圈中就有电流流过，于是就产生了一个磁场。

该磁场将弹簧片拉靠到旋转着的带轮上（这时间隙"A"就不存在了），于是就在带轮和压缩机的驱动轴之间建立起了力的传递关系，如图 2-1-16 所示，这时压缩机就开始工作了。

第 2 章　汽车空调制冷/暖风系统、通风系统部件结构与控制电路

只要电磁线圈中的电流不中断，压缩机就一直在工作。

电磁线圈电流中断后，弹簧力就将弹簧片从带轮上拉开，这时带轮又开始自由转动（不与压缩机轴一同转动）了。

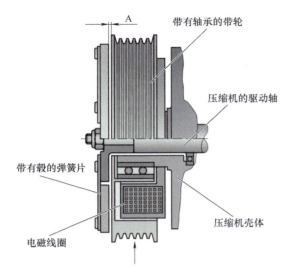

图 2-1-15　空调压缩机电磁离合器

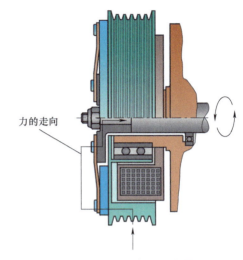

图 2-1-16　空调压缩机电磁离合器工作原理

3. 冷凝器

（1）冷凝器的类型

汽车空调冷凝器有管片式、管带式及平行流式 3 种结构形式。

管片式冷凝器（图 2-1-17）是汽车空调中早期采用的一种冷凝器，制造工艺简单，即用胀管法将铝翅片胀紧在紫铜管上，管的端部用 U 形弯头焊接起来，这种冷凝器清理焊接氧化皮较麻烦，而且其散热效率较低。

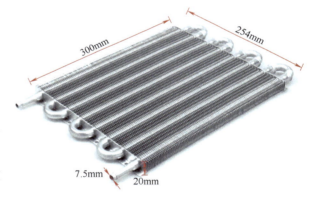

图 2-1-17　管片式冷凝器

管带式冷凝器是将小管弯成蛇形管，其散热效率比管片式冷凝器高 15%~20%，如图 2-1-18 所示。

平行流式冷凝器由圆筒集管、铝制内肋扁管、波形散热翅片及连接管组成，如图 2-1-19 所示，它是专为 R-134a 制冷剂而研制的新结构冷凝器。

（2）冷凝器的工作原理

冷凝器将制冷剂的热量传递到周围空气中，以使来自压缩机的制冷剂蒸气转变成液态。

冷凝器由迂回的蛇形管构成，该管与金属薄片刚性连接在一起，这样就可获得较大的散热面积和更好的热传递效果。

在接通空调装置后，冷凝器由散热器风扇来冷却，以保证制冷环路的正常工作。

冷凝器一般都安装在散热器的前方，这样可以提高冷凝器的效率，如图 2-1-20 所示。

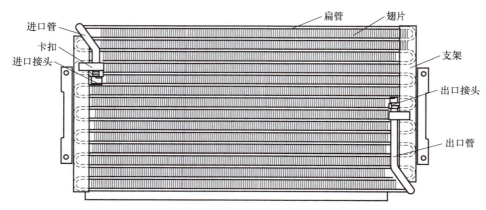

图 2-1-18 管带式冷凝器

冷凝器内的热交换通过空气冷却的方式来完成。这种冷却是由行车产生的风和散热器风扇（根据结构形式可能还有辅助风扇）来实现的。

在大多数情况下，接通空调的同时风扇就开始工作了。带有压力传感器的是个例外，这时在达到一定压力后是延迟接通的。冷凝器脏污会减少空气通过量，这就会影响制冷能力以及发动机的冷却效果。

来自压缩机的热的气态制冷剂（50~70℃）被压入冷凝器的上部，冷凝器的蛇形管和金属薄片会吸收热量。

凉的外部空气穿过冷凝器会吸收热量，于是制冷剂气体就冷却下来了。

在一定温度和一定压力时，制冷剂在冷却过程中会冷凝，于是气态制冷剂就变成液态的了。液态制冷剂从冷凝器的下部流出。

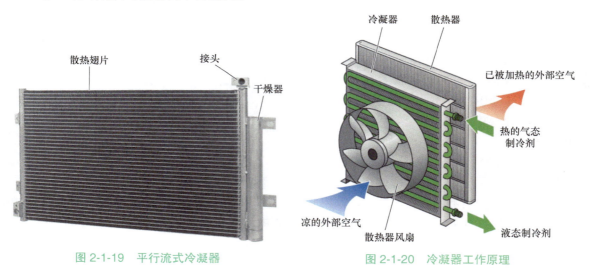

图 2-1-19 平行流式冷凝器　　图 2-1-20 冷凝器工作原理

4. 蒸发器

（1）蒸发器的类型

汽车空调蒸发器有管片式、管带式、层叠式 3 种结构。

第 2 章 汽车空调制冷/暖风系统、通风系统部件结构与控制电路

管片式蒸发器由铜制或铝制圆管套上铝翅片组成，经胀管工艺使铝翅片与圆管紧密接触，如图 2-1-21 所示。

管带式蒸发器由多孔扁管与蛇形散热铝带焊接而成，工艺比管片式复杂，需采用双面复合铝材（表面覆一层 0.02~0.09mm 厚的焊药）及多孔扁管材料，如图 2-1-22 所示。

层叠式蒸发器由 2 片冲成复杂形状的铝板叠在一起组成制冷剂通道，每 2 片通道之间夹有蛇形散热铝带，如图 2-1-23 所示。

（2）蒸发器的工作原理

蒸发器是空调的一个组件，它安装在暖风装置内。当空调接通时，经过冷蒸发器片的空气就被"夺走"了热量，于是这些空气就被制冷、干燥并清洁，如图 2-1-24 所示。

图 2-1-21 管片式蒸发器

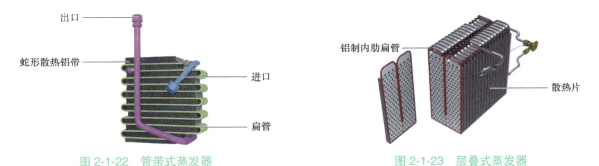

图 2-1-22 管带式蒸发器　　　　图 2-1-23 层叠式蒸发器

膨胀阀所释放出来的制冷剂在蒸发器内膨胀，于是蒸发器就急剧冷却下来。

制冷剂沸腾后变成气体状。

当制冷剂在蒸发器中沸腾时，温度会降至水的冰点以下。

制冷剂蒸发所需要的热量是从其周围获取的，此处就是从流经蒸发器的空气中获取的，这些空气被冷却后送入客舱内。

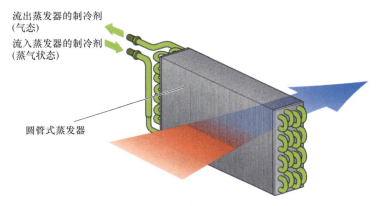

图 2-1-24 蒸发器的工作原理

冷却的空气中的水分在低于露点温度处会聚集在一起,也就是说冷凝了,产生了冷凝水,于是空气就被"脱水"了(变干燥了)。

这就可以明显改变车内的温度和空气质量。

除了水分要聚集到蒸发器上以外,空气中的悬浮物也会聚集到蒸发器上,因此蒸发器还会"净化"空气。

5. 储液干燥器

在汽车空调低压部分有一个储液干燥器(图2-1-25),安装在发动机舱内暖和之处(蒸发器后),作用是补偿并存储制冷剂和压缩机润滑油,并可以保护压缩机。

从蒸发器中出来的气态制冷剂会进入收集罐,如果制冷剂中有水分的话,这些水分会被集成的干燥器所吸收。

制冷剂气体汇集在塑料盖内,可保证呈气态经U形管被压缩机吸入。因此就可以保证压缩机只吸入气态制冷剂,而绝不会吸入液滴,这样就保护了压缩机。

压缩机润滑油汇集在收集罐的底部。

压缩机吸入的制冷剂气体经U形管上的一个孔来吸收压缩机润滑油。

滤网用于防止不洁的机油从该孔进入。

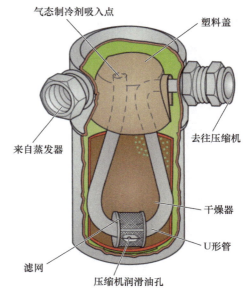

图2-1-25 储液干燥器

> **注意**
>
> 收集罐在安装前应尽可能保持封闭状态(封塞要盖住开口),这样可保证干燥器从周围环境吸收的潮气尽可能少。

6. 膨胀阀和膨胀节流管

(1)膨胀阀

热力膨胀阀有外平衡和内平衡2种形式。

1)内平衡式膨胀阀。内平衡式F型热力膨胀阀,感温包和膜片上部通过毛细管相连,感温包内充注制冷剂,放置在蒸发器出口管道上,感受蒸发器出口制冷剂温度,而膜片下面感受到的是蒸发器入口压力,如图2-1-26所示。

如果空调负荷增加,液态制冷剂在蒸发器内提前蒸发完毕,则蒸发器出口制冷剂温度将升高,膜片上压力增大,推动阀杆使膨胀阀开度增大,进入蒸发器中的制冷剂流量增加,制冷量增大;如果空调负荷减小,则蒸发器出口制冷剂温度减小,以同样的作用原理使得阀开度减小,从而控制制冷剂的流量。

第 2 章　汽车空调制冷/暖风系统、通风系统部件结构与控制电路

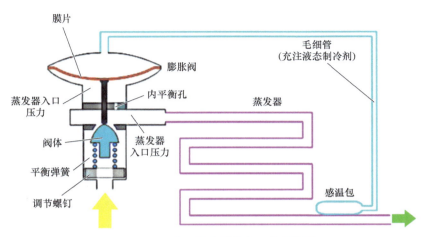

图 2-1-26　内平衡式膨胀阀工作结构图

2）外平衡式膨胀阀。外平衡式膨胀阀的温度传感器（感温包）装在蒸发器出口外侧，如图 2-1-27 所示。在通向热传感管的膜片顶部，有制冷剂气体，气体压力随蒸发器出口温度变化而变化。

蒸发器出口的制冷剂压力施加在膜片的底部，膜片向上的压力等于蒸发器出口制冷剂压力加上弹簧力与热传感管的制冷剂压力之差，最终使得针形阀移动，调节制冷剂流量，如图 2-1-28 所示。

3）H 型膨胀阀。H 型膨胀阀是一种整体型膨胀阀，因其内部通路形同英文字母大写的 H 而得名，它取消了外平衡式膨胀阀的外平衡管和感温包，直接与蒸发器进出口相连，如图 2-1-29 所示。H 型膨胀阀从小孔喷射储液罐的较高温、高压液体制冷剂，导致制冷剂突然膨胀并变成低温、低压的雾状制冷剂，根据制冷负荷，膨胀阀调整供应给蒸发器的制冷剂量。

图 2-1-27　外平衡式膨胀阀

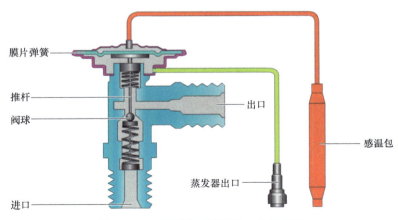

图 2-1-28　外平衡式膨胀阀工作结构图

H型膨胀阀阀门通过热敏杆直接检测蒸发器出口的制冷剂温度冷负荷并传输到膜片内。温度变化引起的压力变化和蒸发器出口压力与压力弹簧之间的平衡，使针形阀移动来调节制冷剂的流量。

蒸发器出口周围的温度根据冷却负荷改变，当冷却负荷变小时，蒸发器出口周围温度下降，并且从热敏杆传输到膜片内部气体的温度也下降，这使得气体收缩。结果，针阀通过制冷剂出口压力和压力弹簧的压力向右移，从而关闭阀门，减小制冷剂流量，并降低冷却能力。当冷却负荷变大时，蒸发器出口的温度增加，并且气体膨胀，使得针阀向左移，推压力弹簧，从而开启阀门，增加循环中的制冷剂量，并使得冷却能力变强，如图2-1-30所示。

4）电子膨胀阀。电子膨胀阀（图2-1-31）利用被调节参数产生的电信号，控制施加于膨胀阀上的电压或电流，进而达到调节供液量的目的。无级变容量制冷系统制冷供液量调节范围宽，要求调节反应快，传统的节流装置（如热力膨胀阀）难以胜任，而电子膨胀阀可以很好地满足这一要求。电子膨胀阀由检测元件、控制系统和执行元件3部分构成。

（2）膨胀节流管

孔管式节流装置，又称节流管，如图2-1-32所示。其直接连通在蒸发器的进口。节流管是固定孔径的节流装置，不能改变制冷剂流量。节流管的制造成本低廉，且利于节油，目前节流管大多已经退出汽车市场。

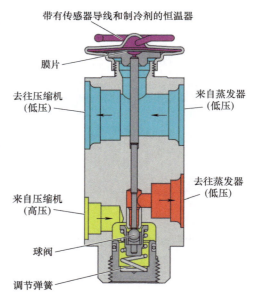

图 2-1-29 H型膨胀阀工作结构图

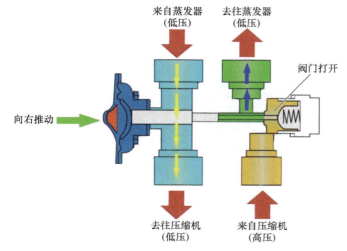

图 2-1-30 H型膨胀阀工作过程

图 2-1-31 电子膨胀阀

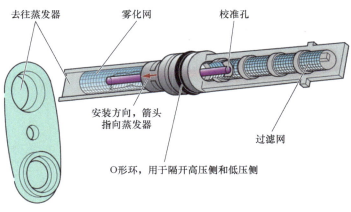

图 2-1-32 节流管结构

二 暖风系统部件结构

1. 暖风水箱

暖风水箱（图 2-2-1）是一种热交换器，用于热量的交换与传递，在寒冷天气时可对进入车内的空气进行加热。暖风水箱可分为水暖式和空气式两种，它们的工作原理相同，工作介质不同。暖风水箱主要由铝制的管子和散热片等组成，具体结构如图 2-2-2 所示。当发动机冷却液流经暖风水箱管子时，热量通过散热片散发到空气中，再由鼓风机将升温的空气送回车内，达到升温的效果。

图 2-2-1 暖风水箱

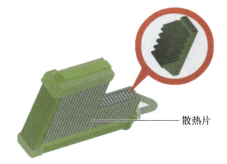

图 2-2-2 暖风水箱结构

2. 高电压加热器

（1）高电压加热器的结构

驾驶员在操作面板上调节所需温度时，操作面板就会计算出相应的设定温度并将其与电气加热装置的实际输出温度进行比较。为此在电气加热装置上有一个温度传感器。操作面板控制单元通过这种方式决定内燃机的热量是否足够用于加热车内空间或是否需要接通电气加热装置。冷却液温度过低时，电气加热装置可分 5 档进行加热。通过该调节，电气加热装置可始终根据需要进行加热。宝马混合动力汽车暖风循环回路的安装位置如图 2-2-3 所示。

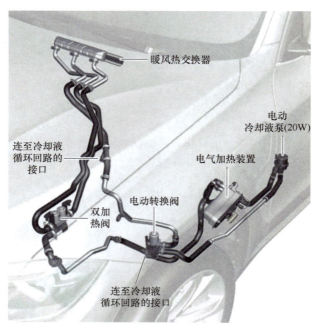

图 2-2-3　宝马混合动力汽车暖风循环回路的安装位置

电气加热装置的最大电功率为 4.6kW。电气加热装置通过功率约为 0.75kW、1.5kW 和 2.25kW 的 3 个加热线圈实现功能。在电气加热装置内通过电子开关（power MOSFET）切换加热线圈（单独或一起）。高电压加热器的外观及结构分别如图 2-2-4、图 2-2-5 所示。

图 2-2-4　高电压加热器外观

（2）高电压加热器的工作原理

电动冷却液泵、电动转换阀和双加热阀是12V组件，由车身域控制器进行控制。

流经各线路的电流经过测量并由电气加热装置控制单元进行控制。电压范围为250V至400V时，最大电流为20A，高于和低于该电压范围时就会降低功率。耗电量提高时，通过关闭硬件中断能量供应。该电路的设计确保控制单元内出现故障时可安全断开供电。

在电气加热装置内断开高电压电路与低电压电路间的导电连接。

1）冷却液温度较低。冷却液温度较低时，例如刚刚起步后或纯电动行驶期间，通过车身域控制器控制电动转换阀，由此使电动转换阀阻断内燃机冷却液循环回路的供给。此时通过电动冷却液泵向电气加热装置泵送冷却液使其加热，并根据需要通过双加热阀将其输送至暖风热交换器，如图2-2-6所示。

图 2-2-5　高电压加热器结构

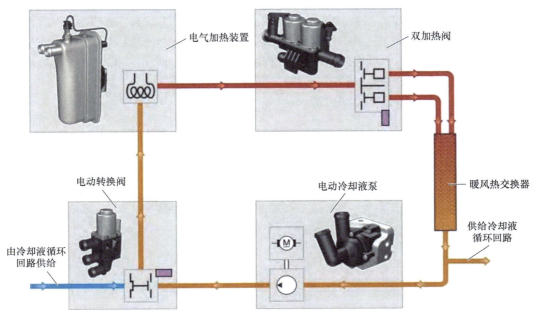

图 2-2-6　冷却液温度较低时的暖风循环回路

2）冷却液温度较高。通过内燃机变热的冷却液经过未通电时打开的转换阀、电气加热装置和双加热阀流入暖风热交换器。在此将部分热量传递给流经暖风热交换器的空气并最终重新到达内燃机冷却液循环回路。此时电气加热装置关闭，但电动冷却液泵仍启用，如图 2-2-7 所示。

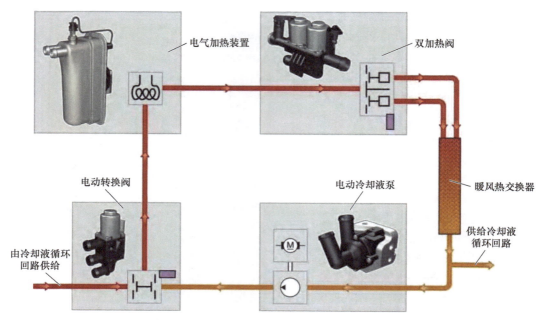

图 2-2-7　冷却液温度较高时的暖风循环回路

3. PTC 加热器

新能源纯电动汽车没有安装发动机，所以 PTC 加热器就承担起了加热供暖的责任，大部分新能源纯电动汽车的 PTC 加热器都被安装在了空调系统内，其在通电后会使自身产生相应的热量，当空气经过时就会对空气进行加热，然后再从空调出风口处吹出，这就是大部分新能源汽车空调暖风的来源，如图 2-2-8 所示。

该部件安装于暖风蒸发箱总成内部。

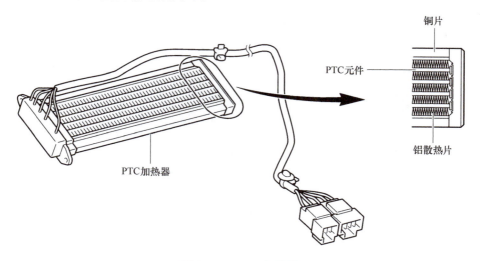

图 2-2-8　PTC 加热器

第 2 章　汽车空调制冷/暖风系统、通风系统部件结构与控制电路

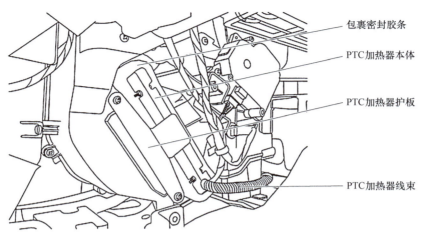

图 2-2-8　PTC 加热器（续）

PTC 加热器由 2 组电热阻丝并联组成，单独控制，如图 2-2-9 所示。

温度传感器检测加热器本体的温度，进行控制加热器导通和关断。

熔断器防止加热器失控发生火灾。

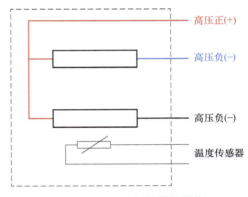

图 2-2-9　PTC 加热器的结构

三　通风系统部件结构

汽车通风系统是指能够使空气在汽车车厢内循环流动的装置，它的作用是将车外新鲜的空气引入车内，同时将车内污浊的空气排出车外。汽车通风时既可对车内外的空气进行过滤净化，也可对风窗玻璃进行除雾。

汽车空调的通风方式一般有动压通风、强制通风和综合通风 3 种。

1. 动压通风

动压通风又称自然通风，主要是利用汽车行驶过程中车身内外产生的风压差，在适当的地方开设进风口和出风口，以实现车内的通风换气，如图 2-3-1 所示。通常进风口设在前排乘客座的前方，空气经过空气室盖板后通过车身上的进风口进入车内。出风口又称泄压口，设置在左右侧围板上，车内空气从这里流出车外，最终实现车内空气的通风换气。

2. 强制通风

强制通风是利用鼓风机将车外空气送入车厢内进行通风换气。由于汽车车速低或停车

时，车身内外表面气压差不足，仅仅依靠自然通风不能保证车内空气的新鲜，强制通风便很有必要，如图2-3-2所示。

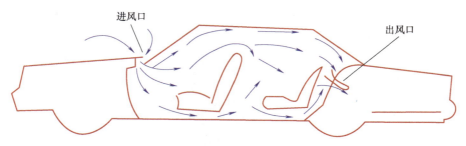

图 2-3-1　动压通风

3. 综合通风

如果将上述2种通风方式结合起来，就形成了综合通风方式。汽车在低速行驶时采用强制通风，高速行驶时采用动压通风，既保证了汽车在各种工况下都能保持良好的通风效果，又降低了能耗。较为简单的通风系统是在自然通风系统的车身基础上，安装强制鼓风机，根据需要同时使用，满足各种工况下通风换气的要求。

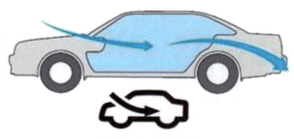

图 2-3-2　强制通风

（1）空气净化装置

汽车空调空气净化装置通常有空气过滤式和静电除尘式2种。

空气过滤式主要是对尘埃起筛选和拦截作用，如图2-3-3所示。它能过滤空气中的灰尘和杂物，结构简单，工作可靠，只需定期清理过滤网上的灰尘和杂物即可。

静电除尘式则以静电除尘方式把微小的颗粒尘埃、烟灰及汽车排出的气体中含有的微粒吸附在除尘板上，灭菌灯用于杀死吸附在除尘板上的细菌，并通过活性炭过滤器除去烟味和异味，由负离子发生器供给负离子，最后由鼓风机将净化的空气送入车厢内，净化后的空气清洁度很高，如图2-3-4所示。

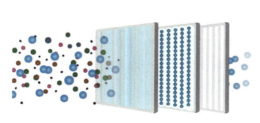

图 2-3-3　空气过滤式空气净化装置

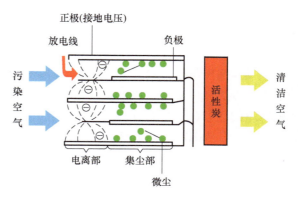

图 2-3-4　静电除尘式空气净化装置

第 2 章 汽车空调制冷/暖风系统、通风系统部件结构与控制电路

（2）空调滤清器

空调滤清器，俗称花粉滤清器，如图 2-3-5 所示，汽车空调滤清器的作用是：过滤从外界进入车厢内部的空气，使空气的洁净度提高，一般的过滤物质是指空气中所包含的杂质，如微小颗粒物、花粉、细菌、工业废气和灰尘等，空调滤清器的效果是防止这类物质进入空调系统破坏空调系统，给车内乘员良好的空气环境，保护车内乘员的身体健康。

（3）鼓风机

汽车鼓风机的作用是把空调蒸发器上面的冷气或者暖风水箱的热气，吹到车里面去，鼓风机最主要的部件就是一个电机，如图 2-3-6 所示。空调系统工作时，鼓风机可通过不同转速控制风量的输出，实现车内的强制通风。

图 2-3-5　空调滤清器

图 2-3-6　汽车空调鼓风机

四　传感器及其他部件

1. 空调压力传感器

空调压力传感器安装在高压侧管路上，如图 2-4-1 所示，用来检测制冷剂压力，并将压力信号输出至空调电子控制单元（ECU），以控制压缩机的运行，其结构及特性如图 2-4-2 所示。当系统压力过低时，切断压缩机，防止压缩机回油润滑差导致卡死；当系统压力过高时，切断压缩机，防止压缩机排气压及温度过高，润滑油黏度下降，压缩机内部抱死；同时可以反馈信号回ECU，及时调整散热风扇的转速。

图 2-4-1　空调压力传感器

2. 蒸发器温度传感器

蒸发器温度传感器（空调热敏电阻）安装在空调装置的蒸发器上，如图 2-4-3 所示，其电阻随着流过蒸发器的冷却空气温度的变化而变化（负温度系数特性热敏电阻），蒸发器温度传感器将其转为电信号并输出到空调电子控制单元，并依此来控制压缩机电磁离合器的结合和断开。蒸发器温度传感器的电阻值一般为 2.2kΩ 左右，当温度降低，电阻值相应升高，如用冰块来测试，电阻值应上升到 5.1kΩ 左右，否则说明其损坏。

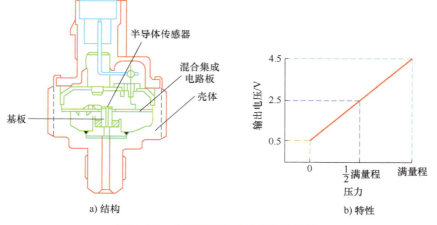

图 2-4-2 空调压力传感器结构及特性

空调压缩机在 –1~0℃ 时关闭，在约 3℃ 时接通，这样可防止冷凝水结冰。

3. 车外温度传感器

车外温度传感器也是一种具有负温度系数特性的热敏电阻式温度传感器，如图 2-4-4 所示，通常安装在车辆前保险杠的下侧，用于向空调电子控制单元提供车厢外部的温度信号。车外温度传感器的电阻值一般为 1.8kΩ 左右，当温度升高，如用电热吹风轻吹传感器，电阻值应相应降低，否则说明其损坏。

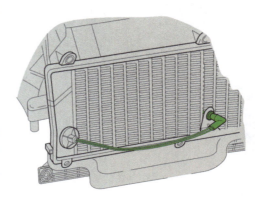

图 2-4-3 蒸发器出口温度传感器的安装位置

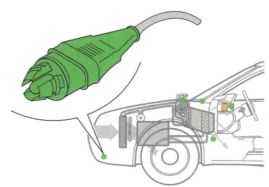

图 2-4-4 车外温度传感器

4. 车内温度传感器

车内温度传感器通常安装在仪表板下侧，是一种具有负温度系数特性的热敏电阻式温度传感器，如图 2-4-5 所示，用于向空调电子控制单元提供车厢内的温度信号。车内温度传感器的电阻值一般为 1.1kΩ 左右，当温度升高，如用电热吹风轻吹传感器，电阻值应相应降低，否则说明其损坏。

5. 阳光照射强度光敏传感器

空调的温度调节过程还受光敏传感器的影响，如图 2-4-6 所示，该传感器用于获取直接照在车内乘员身上的阳光强度信息。

根据空调型号的不同，可能使用 1 个或 2 个这种传感器，分别监测车内左、右侧的情况。

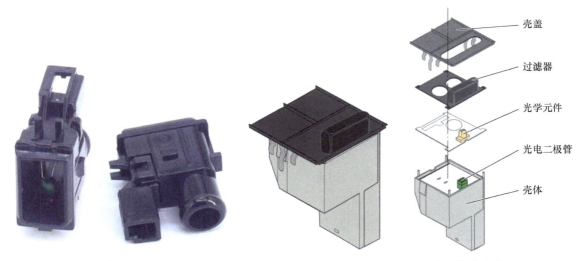

图 2-4-5　车内温度传感器　　　　图 2-4-6　阳光照射强度光敏传感器

阳光穿过过滤器和光学元件到达光电二极管。过滤器的功能就像一个太阳镜，它用于防止紫外线损坏光学元件。

光电二极管是采用对光敏感的半导体制成的。没有光作用时，二极管只能流过很小的电流；有光作用时，流过的电流就增大。光越强，流过的电流就越大。

空调控制单元根据升高的电流就推断出现在阳光较强，于是就会调节车内的温度。

温度翻板和新鲜空气鼓风机会相应地工作。

如果带有 2 个这种传感器，那么阳光较强的那一侧冷得要快一些。

6. 新鲜空气进气道温度传感器

新鲜空气进气道温度传感器在新鲜空气进气道中，也是一种具有负温度系数特性的热敏电阻式温度传感器，如图 2-4-7 所示。

该传感器实际就是外部实际温度的第 2 个测量点。

控制单元按照新鲜空气进气道温度传感器信号来操纵温度翻板和新鲜空气鼓风机工作。

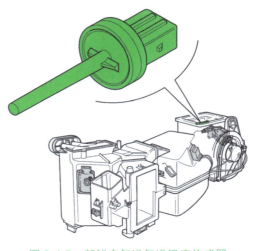

图 2-4-7　新鲜空气进气道温度传感器

7. 吹脚出风口温度传感器

吹脚出风口温度传感器测量的是从暖风/空调中出来的空气（进入车内的空气）温度，也是一种具有负温度系数特性的热敏电阻式温度传感器，如图2-4-8所示。

这个温度值是通过一个电阻值根据温度变化的电阻获取的。

温度下降的话，这个电阻值就升高。

控制单元对这个信号进行处理后，将其用于控制除霜/吹脚的空气分配以及控制新鲜空气鼓风机的工作能力。

8. 高压传感器

高压传感器用于监测制冷剂环路，如图2-4-9所示。

高压传感器是电子式压力传感器，可取代空调压力开关。

高压传感器安装在高压管路上（与压力开关一样）。

高压传感器用于监测制冷剂压力并将压力这个物理量转换成电子信号。

与空调压力开关不同，高压传感器不但会感知预定的压力极限值，它还能监测整个工作循环中的制冷剂压力。

通过这些信号可计算出空调装置对发动机所产生的负荷以及制冷剂环路的压力状态。

散热风扇控制单元可以接通和关闭风扇的高一级运行档位和压缩机的电磁离合器。

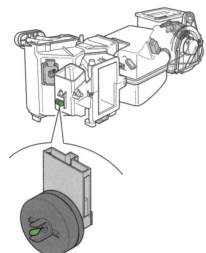

图 2-4-8 吹脚出风口温度传感器

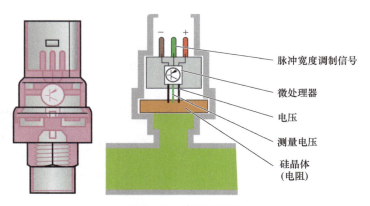

图 2-4-9 高压传感器

制冷剂压力被传到一块硅晶体上。根据这个压力大小，硅晶体产生或大或小的变形。

这块硅晶体与一个微处理器一起集成在传感器中并获得供电。

硅晶体的特性是：在发生变形时，其电阻会发生改变。因此压力若发生变化，那么在硅晶体上测得的电压也会发生变化。

测得电压会被传送给微处理器，并被转换成脉冲宽度调制信号，如图2-4-10所示，其中 A 为脉冲宽度，B 为信号间距。

第 2 章　汽车空调制冷/暖风系统、通风系统部件结构与控制电路

在压力较低时，硅晶体的变形也很小，因此作用的电压对应很小的一个电阻值。

在压力较低时，高压传感器的微处理器输出一个很小的脉冲宽度。

脉冲宽度信号的频率是 50Hz，这相当于周期是 20ms，如图 2-4-11 所示。

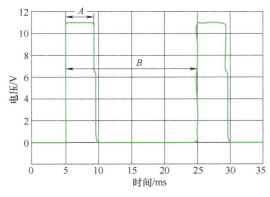

图 2-4-10　脉冲宽度调制信号　　　　　　图 2-4-11　脉冲宽度信号

在 0.14MPa（1.4bar）这样的低压时，脉冲宽度为 2.6ms，这相当于周期的 13%。

9. 空调管路

（1）作用

在制冷系统中，管路连接压缩机、冷凝器、储液干燥器（集液器）、膨胀阀（管）、蒸发器等主要系统部件，满足制冷系统的工作需求，满足减振和降噪的作用，并设置高压管路与低压管路视液窗等部件，如图 2-4-12 所示。

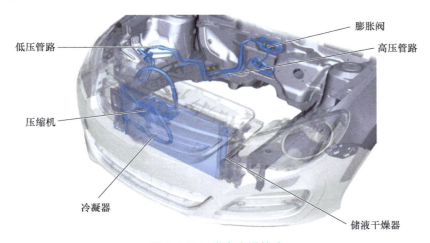

图 2-4-12　汽车空调管路

（2）结构

制冷系统利用金属管和柔性橡胶软管连接，一般由铝制硬管和橡胶软管扣压而成，以保证密封和走向。从外形上看，高压管路比低压管路要细，这样可减少在压缩机工作时制冷压力在管路上的衰减，如图 2-4-13 所示。

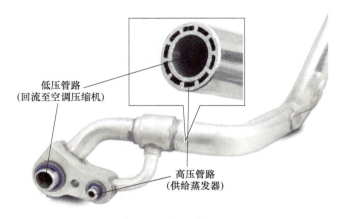

图 2-4-13 空调管路结构

10. 视液窗

视液窗又称制冷剂液体指示器,它的作用是方便观察管路中冷冻机油的流动情况。当发生缺液或含有水分时,观察玻璃能显示不同颜色和气泡,如图 2-4-14 所示。视液窗有两种:一种安装在储液罐出口处,另一种安装在储液罐与膨胀阀之间的管路中。

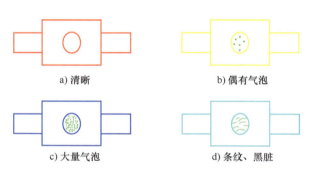

图 2-4-14 视液窗中看到的制冷剂

11. 控制面板

(1)空调控制面板功能说明

空调控制面板用于驾驶员根据需求设定舒适的温度及其他操作,如图 2-4-15 所示。

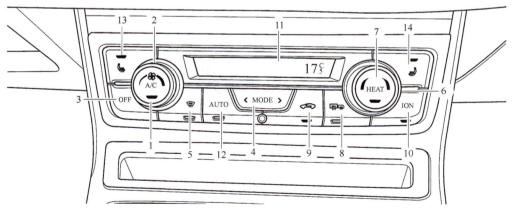

图 2-4-15 空调控制面板功能说明

1—A/C 按键　2—风量调节旋钮　3—OFF 按键　4—风向调节按键　5—前风窗除霜除雾按键　6—温度调节旋钮　7—加热按键　8—后风窗/外后视镜除霜按键　9—内外循环按键　10—空气净化器按键　11—显示屏　12—AUTO 按键　13—驾驶员座椅加热按键　14—前排乘客侧座椅加热按键

第 2 章 汽车空调制冷/暖风系统、通风系统部件结构与控制电路

（2）温度设定

温度调节旋钮用来设定车内温度，该温度值作为用户信息显示在显示屏上。温度设置范围在 16~32℃ 之间，温度调节每步为 0.5℃。当设定温度低于 16℃ 时，显示屏显示"LO"，高于 32℃ 时，显示"HI"。

在自动模式下，当进入"LO/HI"时，系统将保持最大风量送风状态持续运行。

（3）风量设定

风量调节旋钮用来手动设定鼓风机速度。风量分为 0~7 档，用户可以根据实际需要手动调节合适的档位。在自动状态下，鼓风机速度将由系统自动控制。对风量调节旋钮的操作会使系统状态由自动模式转为手动模式，AUTO 标识消失。空调系统采用电压性调节方式控制鼓风机转速的 1~7 档，见表 2-4-1。在自动状态下，鼓风机速度作为自动控制逻辑的一部分。鼓风机速度不限于手动状态下的 7 档调节，但是显示屏显示只有 7 条，所以指示条数量显示的是最接近的鼓风机速度。

表 2-4-1 鼓风机档位与电压对应表

鼓风机档位	鼓风机端电压 /V
0	0
1	3.5
2	4.5
3	5.2
4	6.5
5	8.8
6	11.2
7	12.5

（4）手动调节/自动调节出风模式

自动空调控制器提供了手动和自动 2 种出风模式供用户选择。通过调节吹面/吹脚/除霜的风门，可以控制出风模式。吹面和吹脚的温度分配的不同是为了给脚部提供较温暖的空气，给头部提供较凉爽的空气，保证驾驶员始终处于舒适的环境中。温度分配的范围将受到汽车空间大小的影响。

自动空调控制器使用蒸发器温度传感器来确定混合气体的温度。

手动状态下，用户可以选择 4 种出风模式：吹面、双向（吹面和吹脚）、吹脚、混合（吹脚和除霜），除霜模式为单独按键，各出风模式下，显示屏显示相应标识。各出风模式对应的角度及电压见表 2-4-2。

在自动状态下，出风模式是自动控制逻辑的一部分，出风模式由控制器自动选择。为达到舒适程度，空调控制器选择一个当时最接近的模式显示在显示屏上。当对出风模式按键进行操作时，系统将从自动模式转到手动模式。

表 2-4-2 各出风模式对应的角度及电压

手动设定位置	风向电机电压 / V
吹面	4.5
双向（吹面和吹脚）	3.5
吹脚	2.5
混合（吹脚和除霜）	1.5
除霜	0.5

（5）内外循环控制

3 种内外循环控制模式，分别是手动内循环、手动外循环和自动（AQS）。

用户可以通过操作内外循环按键和 AUTO 按键来控制循环模式，控制面板得到用户设定的温度值、当前车外环境温度、车内温度、蒸发器表面温度、车速信号、水温信号、阳光强度、AQS 信号等，输入给热管理控制器计算内外循环风门位置。

用户可以通过操作 AUTO 按键或者内/外循环按键，使内外循环控制模式进入自动模式。自动模式中，当内循环模式保持 45min 时，自动强制切换为外循环并保持 30s，30s 后回到内循环模式，与空气质量指令冲突时，优先执行空气质量指令。

（6）除霜控制

用户通过操作前除霜按键进入最大除霜模式，进入最大除霜模式后，出风模式为吹风窗玻璃，此时鼓风机速度最大。

1）前风窗玻璃除霜功能。任意工作状态（自动、手动、关机）下，按下除霜按键，系统即在除霜状态下工作。除霜状态解除后，系统即回到除霜前的状态（自动、手动、关机）。

在除霜状态下操作风量调节旋钮，会使风速相应提高或降低，工作状态保持除霜，压缩机继续工作，出风模式保持吹玻璃。

在除霜过程中，除风量调节、温度调节和后除霜按键以外，对其他按键的操作都会使系统离开除霜模式而回到除霜前的模式（新选择的功能除外）。

2）后除霜功能。后除霜按键用来启动后风窗玻璃除霜功能。在后风窗玻璃除霜期间，后除霜按键指示灯点亮，关闭后除霜功能，则指示灯熄灭。用户可以再次按下后除霜按键取消除霜功能。后除霜功能必须要在车辆上高压电后才能工作。

（7）自动与手动工作状态

系统有自动（AUTO）、手动（MANU）和关机（OFF）3 种状态。

用户在按 AUTO 按键后，车内设定温度自动跳转至 23℃，内外循环根据当前工作状态进行调整（制冷工况进入内循环，采暖工况进入外循环）且在调整温度时不退出自动模式。

用户可以通过操作 MODE 按键、A/C 按键、风量调节旋钮使压缩机控制进入手动模式。

五 空调控制系统

1. 汽车空调控制系统的组成

汽车空调控制系统主要由空调ECU（空调放大器）、传感器、执行元件3部分组成，主要控制内容包括压缩机电磁离合器控制、蒸发器温度控制、压力控制、冷却风扇控制、鼓风机控制、其他保护控制等，如图2-5-1所示。

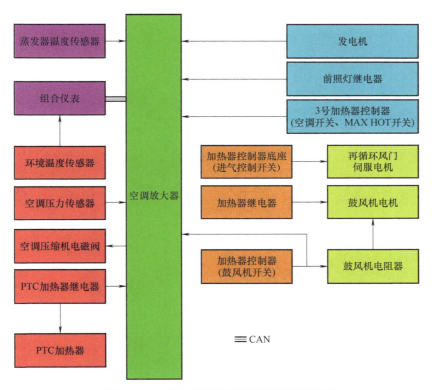

图 2-5-1　卡罗拉乘用车空调控制系统的组成

2. 空调电气系统的控制原理

（1）压缩机电磁离合器控制

汽车空调电磁离合器受空调开关、温度控制器、空调放大器、压力开关等控制，在需要的时候接通或切断发动机与压缩机之间的动力传递。另外，当压缩机过载时，它还能起到一定的保护作用。

其中，电磁线圈固定在压缩机的外壳上，驱动盘与压缩机的主轴相连接，带轮通过轴承安装在压缩机头盖上，可以自由转动。当空调开关接通时，电流通过电磁离合器的电磁线圈，电磁线圈产生电磁吸力，使压缩机的驱动盘与带轮结合，将发动机的扭矩传递给压缩机主轴，使压缩机主轴旋转，如图2-5-2a所示。当断开空调开关时，电磁线圈的吸力消失，在弹簧片作用下驱动盘和带轮脱离，压缩机停止工作，如图2-5-2b所示。

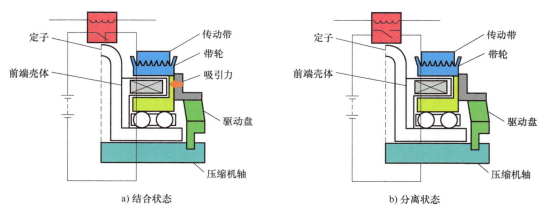

图 2-5-2 电磁离合器

（2）蒸发器温度控制

蒸发器温度控制是空调电气控制系统的基本任务。当汽车空调系统工作时，蒸发器表面温度逐渐降低，空气中的水分被析出，直至结冰，若蒸发器中的制冷不加控制，则蒸发器表面会逐渐全部结成冰块，以致蒸发器无法工作（风不能通过，无法进行热交换）。为控制蒸发器表面不结冰，系统的制冷效率又要达到最高水平，大部分乘用车都采用了蒸发器温度传感器进行温度监测，如图 2-5-3 所示，以此来控制压缩机的工作状态，当温度过低时切断压缩机的工作，使温度上升，防止蒸发器表面结冰。

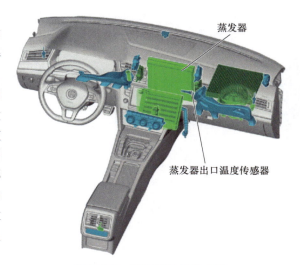

图 2-5-3 蒸发器温度传感器

（3）制冷管路压力控制

在一些老款车型上通常装有各种形式的压力开关，如图 2-5-4 所示，用来监测空调制冷管路的工作压力，一旦压力异常，压力开关随动打开或者关闭，此时空调系统自动切断压缩机电路或控制冷却风扇以加强散热效果。

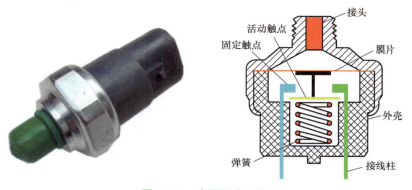

图 2-5-4 空调压力开关

第 2 章　汽车空调制冷/暖风系统、通风系统部件结构与控制电路

（4）环境温度控制

空调放大器根据车外环境空气温度信号来分析，从而控制压缩机电磁离合器的电路，使空调制冷系统进入或退出工作状态。

（5）冷却风扇控制

空调制冷系统的冷凝器与发动机散热器共用冷却风扇，冷却风扇根据冷却液温度信号和空调压力开关组合控制。不开空调时，根据冷却液温度随动控制风扇的转速。开启空调时，不管冷却液温度高低，风扇都运转，当系统压力正常时，风扇低速运转，当系统压力高于一定数值，风扇高速运转。

（6）鼓风机转速控制

鼓风机转速的调节主要是通过改变串联在鼓风机电路中的鼓风机电阻（图 2-5-5）来实现。操作鼓风机档位开关后，电流流向电机，电机开始转动。操作鼓风机档位开关，改变鼓风机电阻器和车身搭铁之间的电压，以此来改变鼓风机电机的转速。

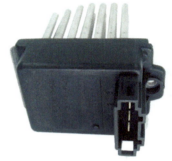

图 2-5-5　鼓风机电阻

（7）其他相关部件控制

空调压缩机电磁阀配备在电控可变排量压缩机上，如图 2-5-6 所示，电控可变排量压缩机结构和工作原理与机械变排量压缩机是相似的，不同之处在于电控可变排量压缩机的调节阀具有一个电磁单元，操纵和显示单元从蒸发器出口温度传感器获得信号作为输入信息，从而对压缩机的功率进行无级调节，控制阀由机械元件和电磁单元组成。机械元件按照低压侧的压力关系，借助于一个位于控制阀低压区的压力敏感元件来控制调节过程。电磁单元由操纵和显示单元通过 500Hz 的通断频率进行控制。

图 2-5-6　可变排量压缩机及压缩机电磁阀

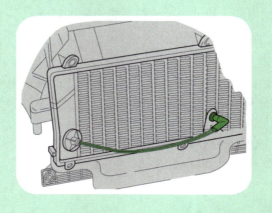

第 3 章
汽车空调制冷 / 暖风系统、通风系统的维护

本章目录

一、汽车空调制冷系统的检漏
二、汽车空调系统抽真空与加注制冷剂
三、汽车空调系统的维护

一 汽车空调制冷系统的检漏

1. 目测法检漏

空调制冷系统在正常的情况下是干燥的,由于制冷剂与冷冻机油是互溶的,所以泄漏处必然有油迹出现。

常见的泄漏位置有冷凝器翅片和散热管,高、低压加注阀,空调管路的各个接口处(一般由于密封圈老化、胶管与铝管接口老化导致),压缩机,蒸发箱。

检查冷凝器是否有泄漏时,可借助手电筒照看,如看到冷凝器上有油迹,即可确定有泄漏点,如图3-1-1所示。

导致冷凝器损坏的原因多为经过碰撞、路上的小石头打击、零件正常使用损坏。

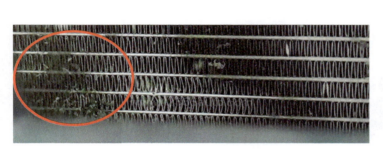

a) 冷凝器有泄漏

b) 冷凝器无泄漏

图 3-1-1 检查冷凝器

检查高、低压加注阀时,把防尘帽取下,因高、低压管路内有压力,如果有明显冷冻机油或冒泡,则可以说明该阀有泄漏;如果只有冷冻机油而没有冒泡,则对高、低压加注阀进行清洁,然后使用7~10天后再进行检查,如图3-1-2所示。

检查各个空调管路接口时,可借助手电筒照看,泄漏制冷剂的位置会有油迹,长时间后会有灰尘粘在上面,如图 3-1-3 所示。

a) 低压加注阀

b) 高压加注阀

图 3-1-2 检查高、低压加注阀

图 3-1-3 检查各个空调管路接口

检查压缩机时,重点检查压缩机与空调管路连接处以及压缩机前油封(离合器处),如图 3-1-4 所示。

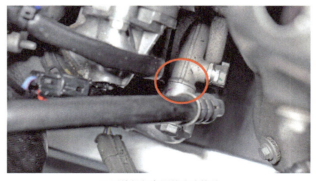

a) 压缩机与空调管路连接处

图 3-1-4 检查压缩机

b) 压缩机前油封

图 3-1-4 检查压缩机（续）

检查蒸发器时，因蒸发器安装在仪表板内，无法进行目测检查，但又没有内窥镜等设备，此时可通过嗅觉检查。起动车辆，调整风量为 2 档，检查出风口是否有制冷剂的异味吹出，如果有，则说明蒸发器有泄漏，需要拆下来进行检查，如图 3-1-5 所示。

2. 用肥皂水检漏

用水将待检漏部件擦干净，再把肥皂水刷在可能泄漏的地方，如果有泄漏的情况，就会有气泡出现，如图 3-1-6 所示。

图 3-1-5 蒸发器泄漏

图 3-1-6 用肥皂水检漏

> **注意**
>
> 肥皂水检查法主要用于检查管路部位泄漏，不能检查压缩机、冷凝器及蒸发器等不宜涂肥皂水和不好观察部位的泄漏。高压管路检漏在空调运行和不运行时均可查，但低压管路检漏在空调不运行时才可查。

3. 用电子卤素检漏仪检漏

电子卤素检漏仪是目前被各大汽车厂商广泛采用的一种检漏设备，它还具备检测灵敏度调节、静音等功能。检漏仪操作时，用其探头缓慢地环绕空调管路进行检测，当检测到存在制冷剂泄漏处时设备会发出提示信号。

（1）电子卤素检漏仪的使用

按下电源开关，开启电子卤素检漏仪；按下电源检测键，检测仪器电量是否充足；按下

第 3 章 汽车空调制冷/暖风系统、通风系统的维护

减小灵敏度键，将灵敏度调节至 3 档。

（2）检漏方法

目测整个制冷系统，检查所有管路、软管、连接件有无润滑油泄漏、损坏、腐蚀等，若发现异常的区域，都应用电子卤素检漏仪仔细检测，如图 3-1-7 所示。

> **注意事项**
>
> 1）检漏时，要将探头围绕被测部件移动，速度要求为 25~50mm/s，并且离表面距离不大于 5mm，要完整地围绕部件移动，这样才能达到最佳检测效果，有啸叫声表示找到了泄漏点。
> 2）对空调系统进行检漏时，空调系统和发动机应处于关闭状态。
> 3）测量完成后，清洁检测探头。

a）检测低压加注阀

b）检测低压空调管路接口

c）检测高压加注阀

d）检测压缩机空调管路

e）检测冷凝器空调管路接口

f）检测冷凝器空调管路

图 3-1-7　使用电子卤素检漏仪检测

按以上方法将检测探头顺着管路依次检测，检漏点包括：管路接口、软管、软管接口、

阀口、压缩机泵头、压力传感器接口等。不能有遗漏，若发现其中一处泄漏点，一定要继续检测整个系统所剩的其他部件。

清洁时，不能使用清洁剂或溶剂，因为它们会对探头产生影响。

4. 用歧管压力表检漏

（1）充氮气压力检漏和充制冷剂检漏

压力检漏有充氮气压力检漏（图3-1-8）和充制冷剂检漏。

应正确连接歧管压力表，在空调系统没有制冷剂的情况下，先把歧管压力表的高压软管接到空调系统高压维修阀上，把压力表的低压软管接到低压维修阀上，然后把中间管接到氮气瓶上。

将氮气瓶打开，然后打开歧管压力表高、低压手动维修阀，向系统内充注干燥氮气，当其压力达到 1.2~1.5MPa 时，关闭歧管压力表高、低压手动维修阀。

将肥皂水涂抹在容易漏气的管路接口处或焊接处，仔细观察有无气泡，如有泄漏，则漏气处有气泡涌出，漏气量大的地方会有微小声音，并出现大量气泡；漏气量小的地方，则间断出现小气泡。

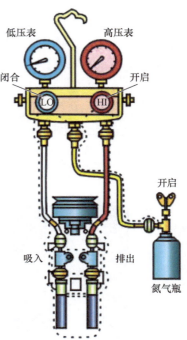

图 3-1-8　充氮气压力检漏

注意事项

严禁用压缩空气进行检漏，因压缩空气中含有水分，水分随空气进入系统会对系统造成冰堵。而氮气无腐蚀性，无水分，且价格便宜，但瓶装氮气一定要用减压表才能充注。

（2）真空检漏

抽真空是为了排除制冷系统内的空气和水分，它是空调维修中一项极为重要的程序。因为对空调系统进行维修或更换元器件时，空气会进入系统，且空气中含一定量的水蒸气，所以需要对制冷系统抽真空。抽真空并不能把水分直接抽出制冷系统，而是产生真空后降低了水的沸点，液态水汽化成水蒸气被抽出制冷系统，所以抽真空时间越长，系统内残余水分就越少。

检漏方法：

先把歧管压力表高压软管接到空调系统高压维修阀上，再把低压软管接到低压维修阀上，把中间管接到抽真空机上，如图3-1-9所示。

打开歧管压力表高压手动维修阀与低压手动维修阀，起动真空泵，并观察低压表上的真空表部分，直到将压力抽真空至 −100~−80kPa。

关闭歧管压力表上的手动高、低压阀，关闭真空泵电源开关，观察真空表压力是否回升。如回升，则表示空调系统泄漏，此时应进行检漏和修补，若压力表指示针不动，则再打开真空泵,连续抽真空 15~30min,使压力表指针稳定。

抽真空完毕后,先关闭歧管压力表高、低压手动维修阀,再关闭抽真空机。

> **注意事项**
>
> 系统检修完毕后,只有抽完真空才能加注制冷剂。
> 在抽真空过程中,如发现压力表一直不动或指针一直不降到真空度,说明系统有泄漏,应检修。

5. 染料示踪法检漏

染料示踪法适用于其他检漏方法都难以查出漏点的场合,特别适用于微小漏点,但价格较贵。染料示踪法检漏有 2 种,一种是将空调系统允许的染色液注入制冷系统,使用一段时间,便可在泄漏处出现染色液痕迹,除非将其彻底清除;另一种是将对紫外线反应灵敏的荧光染料压入系统,用紫外线灯检漏。

确定泄漏点或压力漏点,把黄色或红色的染料溶液引入空调系统,是个理想的方法。染料能指出漏点的准确位置,因为漏点周围有红色或黄色染料积存,并且不会影响系统的正常运行。

图 3-1-9 真空检漏

有的制冷剂中含有染料,如杜邦公司生产的加有红色染料的制冷剂 F-12,其注入空调系统的方法和一般的制冷剂一样。

准备工作:

将表座接入系统,放掉系统的制冷剂。

拆下表座的中间软管,换一根 152mm 长的、两端带坡口螺母的铜管;铜管的另一端和染料容器相接,中间软管也接在染料容器上,而另一端则和制冷剂瓶接通。

染料进入系统:

起动发动机,按怠速运转,调整有关控制器至制冷位置,缓慢地打开低压侧手动阀,使染料进入系统;制冷剂注入系统,至少应达到名义含量的一半,发动机连续运行 15min;关闭发动机和空调。

观察系统:

观察软管和接口是否有染料溶液泄漏迹象;如发现漏点,按要求进行修理,染料可以保留在系统内,对系统无害。

6. 卤素灯检漏

卤素检漏灯是一种丙烷(或酒精)气燃烧喷灯,利用制冷剂气体进入喷灯的吸入管内使喷灯的火焰颜色改变这一特性来判断系统的泄漏部位和泄漏程度,其结构如图 3-1-10 所示。

当喷灯的吸入管从系统泄漏处吸入制冷剂时,火焰颜色会发生变化。泄漏较少时,火焰呈浅绿色;泄漏较多时,火焰呈浅蓝色;泄漏很多时,火焰呈紫色,见表 3-1-1。

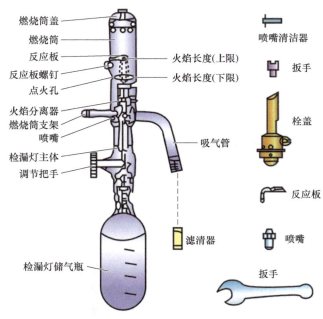

图 3-1-10　卤素检漏灯的结构

表 3-1-1　卤素检漏灯故障诊断表

燃烧工质	火焰颜色	故障诊断
酒精	变成浅绿色	有少量泄漏
	变成深绿色	有大量泄漏
丙烷	变成浅绿色	有较少泄漏
	变成浅蓝色	有较多泄漏
	变成紫色	有大量泄漏

卤素检漏灯的使用方法：

1）向检漏本体和检漏灯上加液态丙烷或无水酒精。

2）将点燃的火柴插入检漏灯点火孔内，再按逆时针方向慢慢旋转调节把手，让丙烷气体溢出，遇火就能点燃。

3）将燃烧的火焰调节到尽量小，火焰越小，对制冷剂泄漏反应越灵敏。

4）把吸入管末端靠近各个有可能泄漏的部位。

5）细心观察火焰的颜色，判断出制冷剂泄漏的部位和泄漏程度。

只能测氟利昂制冷剂（如 R-12），不能用于 R-134a。

7. 荧光剂检漏

利用荧光剂的可流动、易与气体混合、分子直径小等特性，查找空调系统泄漏。

荧光剂检漏主要利用荧光检漏剂和荧光检漏灯，泄漏检测荧光以波长为 565nm 的黄绿色为理想荧光色，因为这是人眼很敏感的颜色。荧光剂检漏只需要在需要检测的环境中按照一定的比例加入荧光检漏剂，然后封闭运行 20min，再用紫外线荧光检漏灯进行查看，哪里有明亮的荧光，则哪里发生了泄漏，如图 3-1-11 所示。

检漏方法：

1）充分回收空调系统中的制冷剂。

2）空调系统抽真空放置一段时间后，确认有泄漏情况，方可进行下面的步骤。

3）将少量荧光剂（几克）与少量冷冻机油混合（如果有手动压力泵也可以直接打入）。

4）将处于真空状态的氟表充注软管放入冷冻机油中，打开氟表低压手动阀，在大气压力作用下，荧光剂连同机油一起被压入空调系统中。

5）按正常操作方法，加注制冷剂。

6）起车并怠速运转，打开空调，同时继续加注制冷剂，达到标准的 1/3~1/2 即可，一般车型的空调加入 500g 左右，使空调系统运行至少 20min。

7）使用紫外线灯照射空调的各个部位。

8）戴上"识别眼镜"仔细观察空调系统各个部位的连接处，如果有泄漏，荧光剂会随制冷剂一起渗出，通过紫外线灯的照射，可以观察到黄绿色的荧光。

9）荧光检漏仪可以迅速测出车辆空调及其他高压系统的泄漏，不用计算，不会漏测。将示踪染料注入空调系统，染料将会随制冷剂在空调系统中循环，当空调系统存在泄漏或存在过泄漏时，染料遗留在漏点处。在紫外线灯的照射下漏点处的染料发出荧光，使维修人员很容易地找到漏点。

a) 没有泄漏　　　　　　　　b) 泄漏位置

图 3-1-11　荧光剂检漏

二　汽车空调系统抽真空与加注制冷剂

1. 空调系统制冷剂回收

（1）环境条件要求

汽车空调制冷剂的回收、净化和加注作业应符合以下条件：

1）作业场地应通风良好。

2）作业场地禁止明火。

3）作业时，维修人员应采取必要的安全防护措施，如佩戴防护手套和护目镜等，避免接触或吸入制冷剂和冷冻机油的蒸气及气雾。

（2）制冷剂回收原则判定

在汽车维修过程中，凡涉及制冷系统的作业，在维修前，均应对制冷系统中的制冷剂进行回收，回收原则可以概括为以下几种情况：

1）制冷系统中有部分制冷剂，但制冷剂不足，需要补充制冷剂时。
2）制冷系统中有部分制冷剂，经检查确认存在泄漏，需要通过气密性试验查找漏点时。
3）视液镜有气泡、泡沫、润滑油条纹、污浊迹象，吸、排气压力不正常时。
4）在汽车维修过程中，需拆卸制冷系统（指制冷剂循环时所流经的零部件如压缩机、高、低压管路，膨胀阀，冷凝器，蒸发器，储液干燥器等）时。

（3）排空制冷剂

排空制冷剂有 2 种方法，第一种是使用空调压力表排空；第二种是使用回收加注机回收。

1）空调压力表排空。将空调压力表的各个接口紧固、阀门关闭，再将空调压力表挂在机舱盖上，如图 3-2-1 所示。

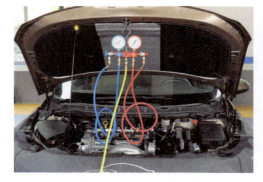

图 3-2-1　将空调压力表挂在机舱盖上

取下高、低压阀口保护帽，将空调压力表的高、低压快速连接接口分别连接汽车空调的高、低压阀口，如图 3-2-2 和图 3-2-3 所示。

图 3-2-2　连接高压阀口　　　　　　图 3-2-3　连接低压阀口

将黄色的管路放入水中，如图 3-2-4 所示。

注意

黄色管路不能暴露在空气中排放制冷剂。

同时打开空调压力表上的高、低压手动阀，如图 3-2-5 所示。

图 3-2-4　将黄色的管路放入水中

图 3-2-5　打开空调压力表上的高、低压手动阀

将制冷剂排放在水中，待高、低压表的指针到达零刻度，同时水中没有气泡冒出时，即可关闭空调压力表的手动阀，此时空调系统内的制冷剂已被排空，如图3-2-6所示。

2）回收加注机回收制冷剂。起动制冷系统运行3~5min，使制冷系统中的杂质充分地分布在制冷剂中，以便回收时尽可能彻底地将杂质带出。

① 检查制冷剂回收加注机外观和面板是否有损坏，如图3-2-7所示。

图3-2-6　排放空调制冷剂

图3-2-7　检查制冷剂回收加注机面板

② 检查冷冻机油加油瓶液位是否在正常范围内，如图3-2-8所示。
③ 检查高、低压管路有无损坏和老化、连接有无松动、快速接头活动有无卡滞。
④ 检查真空泵润滑油，液位是否在MAX与MIN范围内，如图3-2-9所示。
⑤ 检查废冷冻机油排油瓶液位，是否低于200mL，如图3-2-10所示。

图3-2-8　检查冷冻机
油加油瓶液位

图3-2-9　检查真空泵润滑油液位

图3-2-10　检查废冷冻机
油排油瓶液位

⑥ 开机，查看制冷剂净重，是否大于3kg；检查高、低压压力表的压力是否正常，如图3-2-11所示。

⑦ 连接高、低压管路，并旋入手动阀，如图3-2-12、图3-2-13所示。

> **注意**
>
> 佩戴护目镜和防护手套。

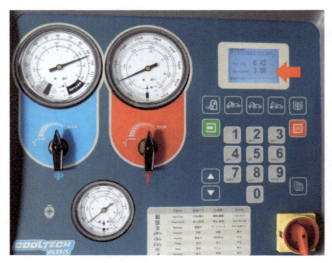

图 3-2-11　查看制冷剂净重及高低压压力表压力

图 3-2-12　连接高压管路

图 3-2-13　连接低压管路

⑧ 点击排气键,使仪器排气,2s 后按绿色确认键,如图 3-2-14 所示。

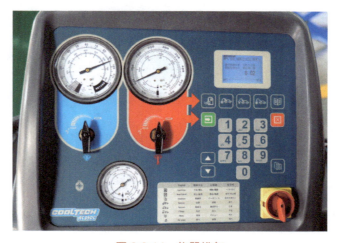

图 3-2-14　仪器排气

第 3 章 汽车空调制冷/暖风系统、通风系统的维护

注意事项

排出制冷剂瓶内的气体，此时应记录制冷剂回收加注机内制冷剂量。制冷剂回收加注机规定，制冷剂的量应为需加注制冷剂量的 3 倍以上，同时大于 3kg、小于 8kg，以保证能正常地加注制冷剂。

⑨ 打开高、低压阀，如图 3-2-15 所示。

图 3-2-15　打开高、低压阀

⑩ 按下回收键，开始制冷剂的回收，先清理管路 1min，然后开始回收制冷剂，如图 3-2-16 和图 3-2-17 所示。

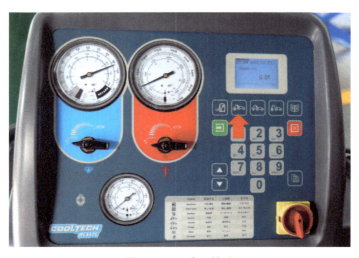

图 3-2-16　清理管路

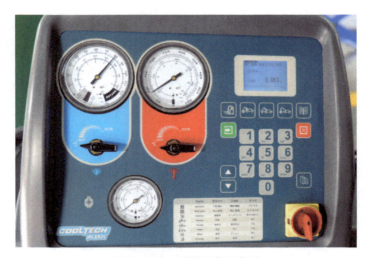

图 3-2-17　开始回收制冷剂

⑪ 回收完成后,按下确认键进行排油,排油结束后,记录排出的冷冻机油量,如图 3-2-18 所示。

图 3-2-18　排出冷冻机油

采用加注设备进行制冷剂回收,按设备使用手册进行管路连接及操作,主要注意事项如下:

回收前,应将软管中的空气排尽。

回收/净化/加注设备的适用介质应与所回收的制冷剂类型一致。

不应采用单系统的回收/净化/加注设备对 2 种或 2 种以上类型的制冷剂进行回收。

按制冷剂的类型分类回收,不应将 R-134a 与 R-12 混装在一个贮罐中。

回收时,贮罐内的制冷剂质量应不超过罐体标称装灌质量的 80%。

因被污染或其他原因不能确定其成分而不能净化利用的制冷剂,应用带有文字标识的贮罐贮存,不应排放到大气中(如需排放到大气中,必须把制冷剂排放到装有自来水的水桶中,防止气态制冷剂充斥在整个车间环境内)。

2. 空调系统抽真空

抽真空的目的是去除空调系统中的气体与水分。目前,汽车维修企业主要存在2种不规范的作业方法:

1)抽真空不彻底。抽真空不彻底导致空气阻碍制冷剂散热,储液干燥器烫手,制冷量下降,影响压缩机润滑,加快压缩机磨损;制冷剂和空气混合后会产生酸,腐蚀橡胶密封圈。

2)不抽真空直接加注。直接排放制冷系统中的残余制冷剂,利用制冷剂瓶内的压力把制冷剂加入制冷系统,同时将制冷系统中的空气压出来,其后果是:不能确保空调系统中的空气和水分完全排出;制冷系统中残余空气可导致制冷剂加注量不足,制冷效果下降;空调压缩机压缩的是一部分没有制冷效果的空气,导致发动机负荷增高、空调功率减小、制冷效果下降。

空调系统抽真空有2种方法,第一种是使用空调压力表与真空泵抽空,第二种是使用回收加注机抽空。

(1)空调压力表与真空泵抽空

将空调压力表高、低压管路连接至车辆空调系统接口。

检查真空泵润滑油是否在正常液位,如图3-2-19所示。

图3-2-19 检查真空泵润滑油液位

连接黄色的管路,如图3-2-20所示。

图3-2-20 连接黄色的管路

打开压力表高、低压手动阀,打开真空泵阀门,如图3-2-21所示。

打开真空泵电源开关,如图3-2-22所示。

将空调系统抽真空15min,观察压力表,压力需到达 –0.1 刻度,如图3-2-23所示。

图 3-2-21　打开真空泵阀门

图 3-2-22　打开真空泵电源开关

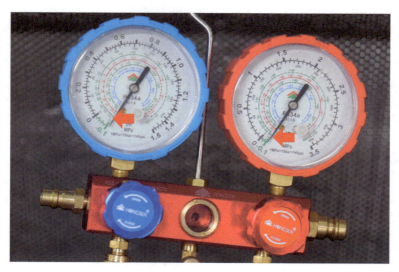

图 3-2-23　压力到达 -0.1 刻度

> **注意事项**
>
> 如果真空度一直不能到达 -0.1 刻度，说明空调系统有泄漏。

抽真空 15min 后，关闭真空泵电源开关，关闭真空泵。
关闭压力表手动阀。
对空调系统保压 1min，在保压期间观察压力表。

> **注意事项**
>
> 如果在保压期间，压力有所上升，说明空调系统有泄漏。

（2）使用回收加注机抽空

将高、低压管路连接至车辆空调系统接口。
点击排气键，使仪器排气。
按下抽真空键进行第一次抽真空，抽真空时间设置为 15min，如图 3-2-24 所示。

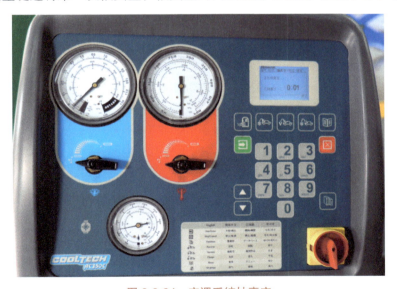

图 3-2-24　空调系统抽真空

> **注意事项**
>
> 抽真空之前必须检查压力表，只有在低压小于 0kPa 时才可进行抽真空操作，否则会损坏真空泵，若压力大于 0kPa，要先执行回收功能。

空调系统抽真空结束后，保压 1min，保压完成后，观察压力表的变化，如图 3-2-25 所示。如压力变化，说明有泄漏，查明原因并解决；如不泄漏，加注冷冻机油。

图 3-2-25 保压结束

3. 冷冻机油的加注

在加注制冷剂前,应补充冷冻机油,建议的补充量为:制冷剂净化时的排油量加 20mL,冷冻机油的种类应符合制冷系统的规定,R-134a 和 R-12 制冷系统使用不同类型的冷冻机油,不应错加,否则易损坏压缩机。

加注冷冻机油时使用高压侧进行加注,关闭低压阀,打开高压阀,防止压缩机产生液击现象。

空调系统加注冷冻机油有 2 种方法,第一种是使用空调压力表与真空泵加注;第二种是使用制冷剂回收加注机加注。

（1）空调压力表与真空泵加注

将空调压力表高、低压管路连接至车辆空调系统接口。

读取并记录机油液位,如图 3-2-26 所示。

拆下压力表的黄色管路,将黄色管路放入机油瓶内,打开压力表高压手动阀,机油被吸入空调系统内,如图 3-2-27 所示。

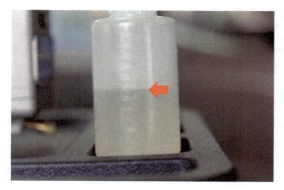

图 3-2-26 读取并记录机油液位

图 3-2-27 空调压力表与真空泵加注机油

确认加入 40mL 的机油。

防止在加注冷冻机油的过程中有空气进入制冷系统,在加注完冷冻机油后需要再次进行抽真空作业。再次抽真空时需要打开低压阀,关闭高压阀,以防刚加入高压侧的冷冻机油被重新抽出。

（2）制冷剂回收加注机加注机油

将高、低压管路连接至车辆空调系统接口。

加注机油，需手动键入加注量，加注从高压侧进行，如图 3-2-28 所示。
加注完成后，确认加注量。

防止在加注冷冻机油的过程中有空气进入制冷系统，在加注完冷冻机油后需要再次进行抽真空作业，如图 3-2-29 所示。再次抽真空时需要打开低压阀，关闭高压阀，以防刚加入高压侧的冷冻机油被重新抽出。

4. 制冷剂的加注

空调系统制冷剂的加注有 2 种方法，第一种是使用空调压力表与真空泵加注；第二种是使用制冷剂回收加注机加注。

图 3-2-28　制冷剂回收加注机加注机油

图 3-2-29　再次抽真空

（1）空调压力表与真空泵加注

由于制冷剂有液态和气态之分，故制冷剂的加注也有 2 种加注方法。

1) 高压端加注法（液态制冷剂加注）。

特点：

安全、快捷、运用第一次加注，即经检漏抽真空后的系统加注。

操作步骤：

① 当系统抽真空后，关闭空调压力表上的高、低压手动阀。

② 将开瓶器安装到制冷剂瓶上，如图 3-2-30 所示。

③ 将中间软管的一端与制冷剂瓶开瓶器的接头连接起来，如图 3-2-31 所示。

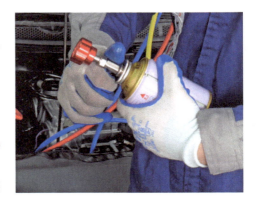

图 3-2-30　将开瓶器安装到制冷剂瓶上

旋入手动阀刺穿瓶装制冷剂再旋出手动阀，如图3-2-32所示。

图3-2-31 连接制冷剂瓶开瓶器的接头

图3-2-32 旋入手动阀刺穿瓶装制冷剂再旋出手动阀

按下歧管压力表中间软管上端的阀门，让气体逸出几秒，把空气赶走，然后再拧紧螺母，如图3-2-33所示。

④ 打开高压侧手动阀至全开位置，将制冷剂瓶倒立，以便从高压侧加注液态制冷剂，如图3-2-34所示。

图3-2-33 按下歧管压力表中间软管上端的阀门

图3-2-34 打开高压侧手动阀至全开位置

⑤ 从高压侧注入规定量的液态制冷剂后，关闭制冷剂瓶开瓶器及空调压力表上的手动高压阀，然后将空调压力表取下。

> **注意**
>
> 从高压侧向系统加注制冷剂时，发动机应处于不起动状态（压缩机停转），更不可拧开歧管压力表上的手动低压阀，以防止产生液压冲击。

2）低压端加注法（气态制冷剂加注）。通过歧管压力表上的手动低压阀，可向制冷系统的低压侧加注气态制冷剂。

特点：

加注速度慢，通常补充制冷剂的情况下使用。

第 3 章　汽车空调制冷/暖风系统、通风系统的维护

操作步骤：

① 将空调压力表与压缩机和制冷剂瓶连接好。

② 打开制冷剂瓶开瓶器，按下中间注入软管在歧管压力表上端的螺母，如图 3-2-35 所示，直到听见有制冷剂蒸气流动的声音，然后松开阀门，目的是排出注入软管中的空气。

③ 打开手动低压阀，让制冷剂进入制冷系统，如图 3-2-36 所示。当系统的压力值达到 0.4MPa 时，关闭手动低压阀。

图 3-2-35　按下排气阀门

图 3-2-36　打开手动低压阀

④ 起动发动机，将空调开关接通，并将鼓风机开关和温控开关都调至最大。

⑤ 再打开空调压力表的手动阀，让制冷剂继续进入制冷系统，直至加注量达到规定值。

⑥ 在向系统中加注规定量制冷剂之后，从视液玻璃窗处观察，确认系统内无气泡、无过量制冷剂。随后将发动机转速调至 2000r/min，鼓风机风量开到最大档，若气温在 30~35℃，系统内低压侧压力应为 0.147~0.192MPa，高压侧压力应为 1.37~1.67MPa。

⑦ 加注完毕后，关闭空调压力表的手动低压阀，关闭装在制冷剂瓶的开瓶器，使发动机停止运转，将空调压力表从压缩机上卸下，卸下时动作要迅速，以免过多制冷剂排出。

注意事项

确保制冷剂瓶直立，防止制冷剂从负压端进入系统，对压缩机造成损伤。

加注到规定量后，关闭低压侧手动阀，再关闭制冷剂注入阀。

不要加注过多的制冷剂，否则会引起轴承和传动带的故障。

（2）制冷剂回收加注机加注

按下加注键，进行制冷剂加注，输入需加注制冷剂量，例如为 520g，加注从高压侧进行，因此要关闭仪器上的低压阀，如图 3-2-37 所示。

加注结束后，即可整理设备。

断开连接在车辆上的高、低压管。

收起高、低压管路。

打开仪器上的高、低压阀，按下确认键，进行管道的清理，主要清理两个歧管内残留的制冷剂。

关闭高、低压手动阀。

图 3-2-37　加注制冷剂

关闭电源开关。

三　汽车空调系统的维护

1. 空调系统日常维护注意事项

目前汽车空调大都采用 R-134a 作为制冷剂，早期汽车也有用 R-12 作为制冷剂的。不同的制冷剂由于性能（如高、低温时的饱和压力，与矿物润滑油的相溶性，本身的渗透性）不同，要求系统配置不同的冷冻机油及连接软管、干燥剂、橡胶密封材料、压缩机、膨胀阀、恒温控制器、压力开关等部件。若在制冷系统中混有几种不同的制冷剂，即使混合量很少，也会导致制冷剂被污染，使制冷剂原有特性改变。这不仅将导致系统制冷效果下降，而且会损坏压缩机或回收设备，由于维修工具被污染，还会导致其他车辆空调器被污染。因而在对汽车空调系统进行安装、维修和保养时，首先要确认该系统采用的是何种制冷剂和冷冻机油，这一点非常重要。同样以 R-134a 为制冷工质，所采用的冷冻机油也有不同。一般有两类油，一类是 PAG 油，另一类是 POE 油，这两类油不能互溶，不能将两种油混合使用。

不采用 R-12 为制冷剂的汽车都会在汽车前风窗玻璃角、发动机罩内表面前部等处用绿色或金黄色字注明本车空调采用哪一种制冷剂（一般都是 R-134a）。在储液干燥器上应有标记注明制冷剂及干燥剂类型，同时标有制冷剂的进出方向。在连接软管上也会有绿色或金黄色的色圈，并会在软管表面印有适用 R-134a 的字样。在压缩机铭牌上会注明所采用的制冷剂及冷冻机油，若压缩机上未注明，则应询问或查找资料设法确认所用的冷冻机油。

R-12 和 R-134a 都具有无色、无味，泄漏后不易被人察觉，不燃烧、不爆炸等特点。制冷剂极易蒸发，所以维修系统或更换制冷剂时应避免冻伤皮肤和眼睛等部位。R-12 气体碰到明火会产生有毒的光气。R-12 中的水分对镁及铝合金有腐蚀作用，对普通橡胶也有腐蚀作用。R-134a 对水的溶解度比 R-12 大，更可能在膨胀阀节流孔处析出水而发生冰堵，因而需采用吸水性更强的干燥剂。原适用于 R-12 的橡胶密封材料对 R-134a 不适用，需采用与

第 3 章 汽车空调制冷／暖风系统、通风系统的维护

R-134a 相溶性好的密封材料，如氢化丁腈橡胶、氯丁橡胶及尼龙等。R-134a 与矿物冷冻机油不相溶，与醇类及酯类合成油相溶性较好。

（1）与材料有关的注意事项

1）在使用制冷剂操作时（即开放制冷系统时），必须戴防护眼镜。一旦制冷剂溅入眼睛，应立即用大量冷水冲洗，并涂上清洁的凡士林，千万不可用手搓。

2）要在通风良好的地方进行系统的维修。

3）周围有水坑或下雨天露天作业时，不能打开系统。

4）修理工具必须清洁干燥，安装、修理场地应干净。

5）制冷系统打开后，所有接口一定要及时加盖或包扎密封，防止空气中的潮气或杂质进入。

6）安装制冷系统时，干燥器一定要放在最后安装。不同的制冷剂要用不同的干燥剂。

7）冷冻机油要随时盖严，并应标明冷冻机油牌号。

8）冷冻机油不要存放在聚乙烯等塑料容器中，应用钢制容器，因为聚乙烯会让水分透入。

9）不同品牌的冷冻机油不能混用，以免变质或黏度降低。

10）制冷剂必须慢慢排放，以免冷冻机油被带出，并且不能与有光泽的金属表面接触。

11）制冷剂要存放在 40℃以下的环境中，并保证不会从高处跌下。

12）不能在封闭的房内或靠近火焰的地方处理制冷剂。加注有制冷剂的制冷部件不能进行焊接操作。

13）低压端不能加注液态制冷剂，从高压端加注制冷剂时不能起动压缩机。

14）各种密封垫圈必须用与所用制冷剂相溶性好的橡胶制造。

15）连接软管要用专为制冷用的材料制造，R-134a 适用的连接软管应以尼龙作为内衬。

16）更换制冷部件后，要先为系统补充冷冻机油，然后再加注制冷剂。

17）不能用蒸汽清洗冷凝器和蒸发器，只能用冷水或压缩空气。

（2）与电路有关的注意事项

1）为防止电路短路，应拆下与蓄电池负极相连的导线（或接地线）。

2）导线的连接必须可靠，固定要牢靠。

3）若导线要穿过车身金属板时，应加设橡胶护圈（以保护导线）。

4）若在修理中拆离或移动汽车原有的导线束，修理后要复原。

5）导线必须用塑料胶带或用原来的紧固件固定在汽车原有的导线束中。

6）安装空调器时应注意不要把导线夹住。

7）若要与原有导线焊接时，必须用直径相等的导线，连接点用胶带包好。

8）导线不能靠近活动部件或高温部件（如发动机排气管、缸体等）；要远离热源（50mm 以上）。

9）导线必须与燃油管分隔开，距离燃油管 100mm 以上。

10）仔细检查导线是否与尖锐的物体接触。

（3）与管路有关的注意事项

1）弯曲金属管时不能加热，以免产生氧化皮，管路的弯曲半径应尽可能大些。

2）制冷系统内部零件必须保持清洁，避免与潮气、尘埃接触。

3）系统开放时，应立即将孔塞或盖板装在管接头上，实在找不到合适的孔塞，可用多层塑料布包扎，以防潮气和尘埃进入。

4）截断管路时，须将管端锉滑，并将管内的锉屑除去，擦干净。

5）将管端扩张成喇叭形时，要使用适当的扩管工具。

6）清扫管路时，要用氮气或无水酒精，并充分加以干燥，不可使用压缩空气。

7）连接金属管和软管之前，应在接头上滴几滴冷冻机油润滑。

8）拧紧或拧松螺纹接头时，必须同时使用两把扳手。拧紧螺纹时，螺纹处不准加油，并用扭力扳手拧紧到规定力矩。

9）连接储液干燥器时，必须注意连接方向，避免进出方向相反。

10）合理安排排水管位置，可靠固定排水管，避免排出的水接触汽车零部件，尤其不要滴在排气管上。同时要确保冷凝水能顺利排出。

11）管路穿过车身板壁时，要加橡胶圈保护软管。软管及导线每隔一定距离（500mm左右）要用带胶垫的管夹与车身（车架）固定。

12）软管连接时，要保持软管两端呈自然状态。不能使软管扭曲，不能因被连接部件的运动而使软管偏离其轴线所在平面。安装后软管与相连接头的中心轴线应在一个平面内，并且它们的运动亦应在这一平面内。

13）软管弯曲时要保证有足够的弯曲半径，不能因弯曲半径太小而造成软管变形。应避免急转弯，靠近接头部位须留有足够长的直线段。

14）与压缩机相连的软管安装方向应与压缩机振动方向一致，否则会使软管扭曲，造成接头松开或损坏软管。

（4）与间隙和连接有关的注意事项

1）安装空调部件时，周围要留好空间，用绝缘材料将它与其他部件隔开。原则上，空调部件与其他汽车零部件要间隔 20mm 以上。

2）安装金属零件必须加弹簧垫圈连接。

3）在发动机上安装零部件必须按照规定的力矩加以拧紧。

4）各个总成若安装的悬置体不同或振动不一，不可用硬管连接。

5）修理、安装工作结束后，应检查空调器零部件的安放位置是否正确。

（5）其他注意事项

1）修理制冷系统时，应用破布等物保护汽车。

2）制冷系统还未注入制冷剂时，不得起动汽车。

3）若要长期保存用过的压缩机，为防止发生腐蚀，要排尽压缩机内部的空气，再用制冷剂或干燥的氮气灌满压缩机。

4）进行抽真空工序前必须认真检查密封情况，并先做好对泄漏部位的处理。

5）安装工作全部完毕后，应检查汽车各部件的动作是否正常，燃油管路、冷却系统、电路是否完好，并检查空调性能是否良好。

2. 空调维护时的检查方法

汽车空调系统有制冷系统、加热系统、通风与空气净化系统和控制系统等几个主要组成

第 3 章 汽车空调制冷/暖风系统、通风系统的维护

部分。空调系统的工作性能与使用寿命，很大程度取决于维护保养得好与不好。即使天气较冷，不需要汽车空调，也要定期让压缩机工作几分钟。因为在长期不运转的情况下，压缩机的油封、密封垫等橡胶制品易出现老化、发硬和开裂现象，等到再次运行时会使制冷剂泄漏。

（1）检查压缩机传动带是否良好

如果空调压缩机传动带表面与带轮槽接触侧面光亮，并且起动空调时有"吱吱"的噪声，说明传动带打滑严重，应更换传动带和带轮；如果传动带过松应及时调整，否则易使空调系统制冷效果变差，如图 3-3-1 所示。

目视检查传动带是否过度磨损、加强筋损坏等，如图 3-3-2 所示。如果发现任何损坏，则应更换传动带。

图 3-3-1 检查压缩机传动带

注意

传动带的带棱侧出现一些裂纹是可以接受的；如果传动带棱上有脱落，则须更换传动带。

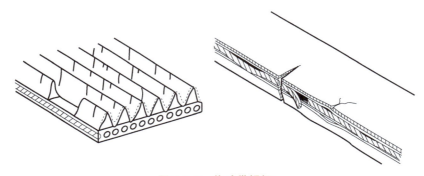

图 3-3-2 传动带损坏

检查并确认传动带正确安装在楔形槽中。用手检查，以确认传动带没有从曲轴带轮底部的凹槽中滑脱，如图 3-3-3 所示。

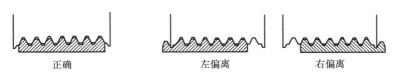

图 3-3-3 检查并确认传动带正确安装在楔形槽中

（2）定期更换空调滤芯

空调滤芯（图 3-3-4）建议 1 万 ~1.5 万千米更换一次，如果长时间不更换，会影响到空

调制冷效果。因为，有一些杂质会穿过滤芯进入风道，沿着风道进入蒸发箱，蒸发箱的结构与散热器相同，长期如此，会使蒸发箱堵塞，制冷效果大大下降。其次，附着在滤芯表面的杂质会滋生细菌，被吹出来后会影响驾驶员及乘客的身体健康。

图 3-3-4　空调滤芯

（3）清洁散热器和冷凝器

散热器和冷凝器是车辆空调和冷却系统的重要组成部分，随着车辆的长时间使用，泥沙、尘土等杂质就会夹杂在缝隙中，导致冷凝器散热能力下降，从而影响水温和空调的制冷性能。因此，应定期清洁散热器和冷凝器，如图 3-3-5、图 3-3-6 所示。

图 3-3-5　清洁冷凝器

图 3-3-6　清洁散热器

（4）检查空调制冷剂

检查空调制冷剂液面高度的方法有几种，最常见且最简单的方法就是在汽车空调系统正常工作时，用眼观察储液干燥器顶部的视液镜。若视液镜内没有气泡，仅在升高或降低发动机转速时出现少量的气泡，说明制冷剂适量；若不论怎么调节发动机转速，始终看到有浑浊状的气泡流动，则说明制冷剂不足，应及时加注；若不论怎么调节发动机转速，始终看不到气泡，则说明制冷剂过量，如图 3-3-7 所示。

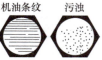
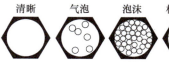

图 3-3-7　视液镜

（5）检查空调管路、接头

空调系统中有很多橡胶高压软管，如图 3-3-8 所示，在日常检查保养空调系统时，要检查空调系统的软管有无磨损、老化现象。如果这些软管磨损、老化严重，必须及时更换。其次，还要检查各管路接头是否有油污，如果有油污，说明该部位有泄漏，应及时进行维修。在重新安装管路接头时，一定要使用新的正品密封圈，并且先在密封圈上涂抹少许冷冻机油，以保证顺利安装并提高密封效果。

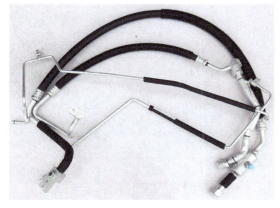

图 3-3-8 汽车空调管路及接头

3. 汽车空调系统的维护内容

汽车空调系统的维护内容见表 3-3-1。

表 3-3-1 汽车空调系统的维护内容

系统	维护项目	维护内容	周期
制冷循环系统及各机械传动件	管路各接头	检查管路接头，并用检漏仪检查其密封情况	每年进行一次
		检查管路是否与其他部件相碰，检查软管是否有老化、裂纹现象	每年进行一次
	制冷剂注入量	通过视液镜或空调压力表检查	每年进行一次
	冷凝器	彻底清扫或清洗冷凝器表面的杂质、灰尘，用扁嘴钳扶正和修复冷凝器的散热片，仔细检查冷凝器表面是否有异常情况，并用检漏仪检查制冷剂是否有泄漏。如防锈涂料脱落，应重新涂刷，以防止冷凝器生锈穿孔	每年进行一次
	蒸发器	用检漏仪进行检漏作业 使用内窥镜检查是否有尘埃和夹杂物	每年进行一次
	储液干燥器	正常情况下，更换储液干燥器	每三年左右更换
		因使用不当使系统进入水分后，更换储液干燥器	及时更换
		系统管路被打开时，更换储液干燥器	当时更换
	膨胀阀	检查其动作是否正常，开度大小是否合适，进口滤网是否被堵塞，如不正常，应更换或作适当调整	每一至两年进行
	紧固件	检查有无裂纹损伤，如有松动，则加以紧固	每年进行一次
	传动带	检查其张紧力和磨损程度	每半年进行一次
	冷冻机油	正常情况下，冷冻机油的更换	每两年更换
		管路有泄漏时，补充冷冻机油	及时补充

(续)

系统	维护项目	维护内容	周期
电气系统	冷却液温度警告灯	检查超温时能否亮起	每年进行一次
	压力开关	检查动作是否正常	每年进行一次
	冷却液温度传感器	检查是否正常	每年进行一次
	车内温度控制器	检查在温度控制范围内工作是否正常	每年进行一次
	热敏开关	检查动作是否正常	每年进行一次
	鼓风机	检查其工作是否正常可靠	每年进行一次
	风扇	检查其工作是否正常可靠	每年进行一次
	电磁离合器	检查其是否具有所规定的性能	每年进行一次
	电磁阀	检查动作是否正常	每年进行一次

4. 空调系统日常使用注意事项

（1）汽车空调使用的注意事项

1）确保系统中不能混入水汽、空气和赃物。如果空气、水汽和赃物混入制冷系统，不仅会影响制冷效率，有时会使制冷设备损坏，见表3-3-2。例如压缩机的吸气管（从蒸发箱出来的低压管），如果接头没有锁紧，由于吸气是负压，其压力小于外界大气压，外界的空气就会进入系统，于是水汽和赃物也会随之而入。此外，在加注制冷剂时如果操作不当，也可能使空气进入系统，空气中的氧气非常活跃，它会和润滑油发生反应，从而影响制冷系统的正常运行。

表 3-3-2 制冷系统中的异物及其影响

制冷系统中的异物	影响
水汽	压缩机气门结冰；膨胀阀紧闭不开；生成盐酸和硝酸；腐蚀生锈
空气	造成高温高压；使制冷剂不稳定；使润滑油变质
脏物	堵塞滤网；生成酸性物；腐蚀零件
其他油类	形成蜡或渣；堵塞滤网；润滑不好；使润滑油变质
金属屑	在活动零件间形成磨料磨损
酒精	腐蚀金属件；使制冷剂变质；影响制冷效果

2）防止腐蚀。要防止制冷装置生锈及化学变化的腐蚀，这些现象会使气门、活塞、活塞环、轴承等受到腐蚀，若遇到了高温、高压，腐蚀会加剧。

3）防止高温高压。高温会使制冷剂橡胶软管变脆，压缩机磨损加剧，使腐蚀机器的化学变化加速，机器容易损坏。同时，高温的气体压力变大，被高温引起变脆的软管很容易破裂，由于压缩机内部的压力超过正常值，压缩机的气门容易产生变形而影响密封。

4）保护好控制系统。制冷系统中的风管、控制风向的阀门、电磁离合器等，每一个零部件的失灵，都会影响到制冷装置的正常运转。所以控制系统的风管、开关等部件，都要保护好，才能使制冷装置正常工作。

（2）操作检查

1）将鼓风机开关分别开至低、中、高档，检查鼓风机是否运转正常，听鼓风机处是否有杂音，如果有杂音或运转不正常，应更换鼓风机。

2）按下空调开关 A/C，观察指示灯是否亮起，并确认压缩机是否接合。

3）检查空调工作时，发动机的怠速提升情况。

4）将进气循环开关分别置于内循环和外循环位置，观察指示灯是否正常亮起，通过鼓风机声音的变化，判断进气风门位置是否改变。

5）将温控开关分别调至最冷和最热位置，观察温度下降和上升情况是否良好。

6）将出风选择模式开关分别置于各种送风模式，检查出风口位置是否符合要求、出风量是否充足。

第 4 章
汽车空调制冷/暖风系统、通风系统的检测与拆装

本章目录

一、制冷系统的检测与拆装
二、暖风系统的检测与拆装
三、通风系统的检测与拆装
四、传感器及其他部件的检测与拆装

一 制冷系统的检测与拆装

1. 压缩机的检查与更换

（1）以传统燃油汽车为例

1）压缩机车上检查。

① 检查压缩机的异响。

检查空调开关打开和压缩机运行时压缩机是否有异响。

如果有异响，则更换压缩机和带轮。

② 检查制冷剂压力。

正常工作的制冷系统压力，如图 4-1-1 所示。

低压：0.15~0.25MPa。

高压：1.37~1.57MPa。

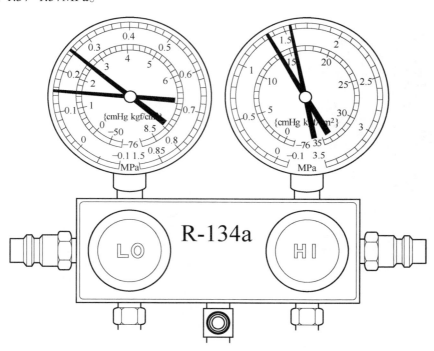

图 4-1-1 空调制冷系统正常压力

③ 检查制冷剂是否泄漏。

使用漏气检测器检查制冷剂是否泄漏。

如果有泄漏，则更换压缩机和带轮。

④ 检查压缩机和带轮。

检查压缩机和带轮的工作情况，如图 4-1-2 所示，步骤如下：

起动发动机。

检查压缩机和带轮。
正常：压缩机轴和带轮一起转动。
如果结果不符合规定，则更换压缩机和带轮。

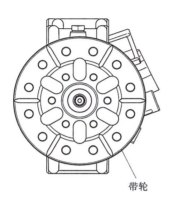
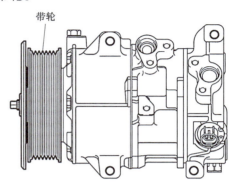

图 4-1-2　检查压缩机和带轮

2）拆卸压缩机。
① 回收制冷系统中的制冷剂。
起动发动机。
打开空调开关。
以大约 1000r/min 的发动机转速运行冷却器压缩机 5~6min，使制冷剂循环。这使得空调系统不同部件中的压缩机专用机油大部分都被收集到空调压缩机中。
关闭发动机。
使用制冷剂回收装置从空调系统中回收制冷剂。
② 拆卸下护板。
③ 拆卸压缩机传动带。
④ 拆卸吸入软管。
拆下螺栓并将吸入软管从压缩机和带轮上断开，如图 4-1-3 所示。
拆下 O 形圈。

> **注意**
>
> 用聚氯乙烯绝缘带密封断开部件的开口处，防止湿气和异物进入。

⑤ 拆卸排放软管。
拆下螺栓并将排放软管从压缩机和带轮上断开，如图 4-1-4 所示。
拆下 O 形圈。

> **注意**
>
> 用聚氯乙烯绝缘带密封断开部件的开口处，防止湿气和异物进入。

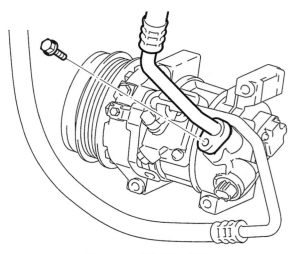

图 4-1-3 拆卸吸入软管

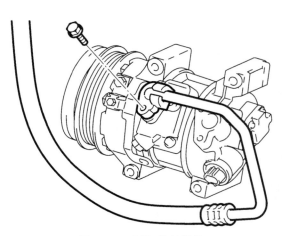

图 4-1-4 拆卸排放软管

⑥ 拆卸压缩机总成。

断开插接器。

拆下 2 个螺栓和 2 个螺母，如图 4-1-5 所示。

拆下 2 个双头螺柱和压缩机总成，如图 4-1-6 所示。

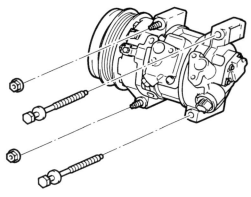

图 4-1-5 拆下 2 个螺栓和 2 个螺母

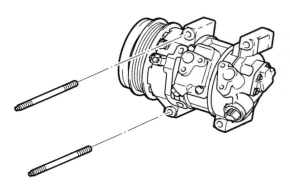

图 4-1-6 拆下 2 个双头螺柱

3）安装压缩机。

① 调节压缩机专用机油液位。

在更换新的冷却器压缩机总成时，将惰性气体（氦气）从维修阀中逐渐排出，并在安装前将剩余机油沿箭头指示方向从通风管中排出。

> **注意**
>
> 放油螺栓和垫圈能重复使用。
>
> 新压缩机的机油容量 +15mL− 拆下的压缩机中的残余机油量 = 更换时需要从新压缩机中排出的机油量。

如果安装新的压缩机时没有排出残留在车辆管路中的一些专用机油,油量将会过量。这会妨碍制冷剂循环的热交换,导致制冷系统失效。
如果拆下的压缩机中残余的油量过少,检查是否漏油。
确保使用同等产品作为压缩机专用机油。

② 安装压缩机总成。
用 2 个双头螺柱安装压缩机总成。
标准力矩:9.8N·m。
用 2 个螺栓和 2 个螺母安装压缩机总成,如图 4-1-7 所示。

提示

按如图 4-1-7 所示顺序拧紧螺栓和螺母。

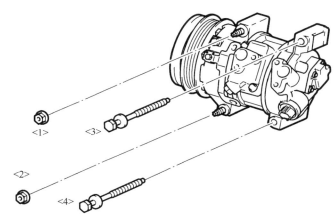

图 4-1-7　安装压缩机总成

标准力矩:25N·m。
连接插接器。
③ 安装排放软管。
将缠绕的聚氯乙烯绝缘带从软管上拆下。
在新 O 形圈以及压缩机总成的装配面上涂抹压缩机专用机油。
将 O 形圈安装到排放软管上。
用螺栓将排放软管分总成安装到带有带轮的压缩机总成上。
标准力矩:9.8N·m。
④ 安装吸入软管。
将缠绕的聚氯乙烯绝缘带从软管上拆下。
在新 O 形圈以及压缩机总成的装配面上涂抹压缩机专用机油。
将 O 形圈安装到吸入软管上。
用螺栓将吸入软管分总成安装到带有带轮的压缩机总成上。

标准力矩：9.8N·m。

⑤ 安装压缩机传动带。

⑥ 调节多楔带。

⑦ 检查多楔带。

⑧ 安装下护板。

⑨ 加注制冷剂。

⑩ 发动机暖机。

⑪ 检查制冷剂是否泄漏。

（2）以新能源汽车为例

1）拆卸压缩机。

① 打开前机舱盖。

② 回收空调制冷剂。

③ 断开蓄电池负极电缆。

> **注意**
>
> 断开负极电缆后等待5min。

④ 断开车载充电机处直流母线。

向上推动直流母线插头卡扣保险，如图4-1-8所示。

断开直流母线连接充电机端插接器，如图4-1-9所示。

> **注意**
>
> 戴绝缘手套，用万用表测量直流母线端正、负极电压应低于1V。

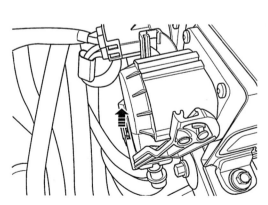

图4-1-8 向上推动直流母线插头卡扣保险

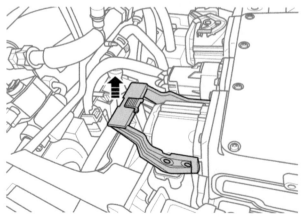

图4-1-9 断开直流母线连接充电机端插接器

⑤ 断开电动压缩机线束插接器，如图4-1-10所示。

第 4 章　汽车空调制冷/暖风系统、通风系统的检测与拆装

断开电动压缩机低压线束插接器。
断开电动压缩机高压线束插接器。

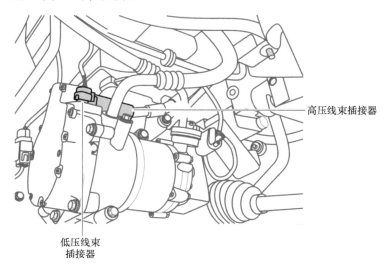

图 4-1-10　断开电动压缩机线束插接器

⑥ 拆卸制冷空调管（压缩机侧）固定螺栓，拆卸空调管，如图 4-1-11 所示。
⑦ 拆卸电动压缩机侧 3 个固定螺栓，取下电动压缩机，如图 4-1-12 所示。

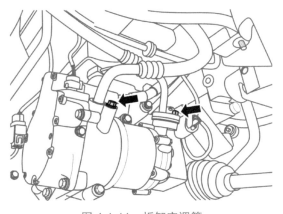

图 4-1-11　拆卸空调管

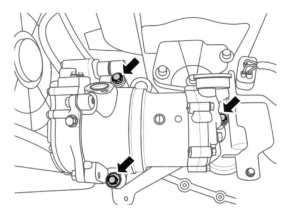

图 4-1-12　取下电动压缩机

2）安装压缩机。

> **注意**
>
> 压缩机从厂家供货时，会携带大量压缩机专用机油（超过整个空调系统中专用机油的量），所以在更换全新压缩机之后并不需要补充专用机油，而是在安装之前需要从压缩机排放适量的专用机油，再安装。

① 放置电动压缩机，紧固电动压缩机侧 3 个固定螺栓。
标准力矩：23N·m。

② 连接制冷空调管（压缩机侧），紧固空调管固定螺栓。
标准力矩：23N·m。

> **注意**
> 在安装过程中涉及的 O 形圈，都必须更换新件。

③ 连接电动压缩机线束插接器。
连接电动压缩机高压线束插接器。
连接电动压缩机低压线束插接器。

> **注意**
> 插接时注意"一插、二响、三确认"。

④ 连接车载充电机处直流母线。
⑤ 连接蓄电池负极电缆。
⑥ 加注空调制冷剂。
⑦ 关闭前机舱盖。

2. 空调压缩机电磁离合器的检查与更换

以传统燃油汽车为例。

（1）拆卸压缩机电磁离合器

1）拆卸电磁离合器压盘。使用专用工具固定电磁离合器压盘，如图 4-1-13 所示。
拆卸电磁离合器压盘固定螺栓，如图 4-1-14 所示。

图 4-1-13　使用专用工具固定电磁离合器压盘

图 4-1-14　拆卸电磁离合器压盘固定螺栓

安装电磁离合器压盘专用顶拔器，如图 4-1-15 所示。
拉出电磁离合器压盘，取出电磁离合器压盘和顶拔器，如图 4-1-16 所示。

2）拆卸电磁离合器传动带盘。使用卡簧钳拆卸电磁离合器传动带盘卡簧，如图 4-1-17 所示。

图 4-1-15　安装电磁离合器压盘专用顶拔器

图 4-1-16　拉出电磁离合器压盘

图 4-1-17　拆卸电磁离合器传动带盘卡簧

> **注意**
> 拆卸时应注意避免卡簧弹出。

安装电磁离合器传动带盘专用顶拔器，如图 4-1-18 所示。

拉出电磁离合器传动带盘，取出传动带盘及顶拔器，如图 4-1-19 所示。

图 4-1-18　安装电磁离合器传动带盘专用顶拔器

图 4-1-19　拉出电磁离合器传动带盘

取下电磁离合器传动带盘，如图 4-1-20 所示。

3）拆卸电磁离合器线圈。使用卡簧钳拆卸电磁离合器线圈卡簧，如图 4-1-21 所示。

> **注意**
> 拆卸时应注意避免卡簧弹出。

4）取下电磁离合器线圈。取出垫片。取下电磁离合器线圈，如图 4-1-22 所示。

（2）检查压缩机电磁离合器

使用万用表电阻档检查压缩机电磁离合器电阻，如图 4-1-23 所示。

正常值：10~11Ω。

图 4-1-20　取下电磁离合器传动带盘

图 4-1-21　拆卸电磁离合器线圈卡簧

图 4-1-22　取下电磁离合器线圈

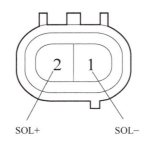

图 4-1-23　检查压缩机电磁离合器电阻

如果电阻不符合规定，则更换压缩机或电磁离合器。

（3）安装压缩机电磁离合器

1）安装电磁离合器线圈。将电磁离合器线圈安装到压缩机上，如图 4-1-24 所示。

> **注意**
> 安装时注意安位点的位置。

安装电磁离合器线圈卡簧，如图 4-1-25 所示。

> **注意**
> 安装时应注意避免卡簧弹出。

图 4-1-24　将电磁离合器线圈安装到压缩机上

图 4-1-25　安装电磁离合器线圈卡簧

2）安装电磁离合器传动带盘。安装垫片，如图 4-1-26 所示。

在传动带盘的内圈涂抹润滑脂，将传动带盘安装到电磁离合器线圈上，如图 4-1-27 所示。

图 4-1-26　安装垫片

图 4-1-27　安装传动带盘

使用橡胶锤将传动带盘安装到位，如图 4-1-28 所示。

> **注意**
>
> 应在多个位置均匀锤击，否则会导致传动带盘倾斜。

使用卡簧钳安装电磁离合器传动带盘卡簧，如图 4-1-29 所示。

图 4-1-28　使用橡胶锤将传动带盘安装到位

图 4-1-29　安装电磁离合器传动带盘卡簧

3）安装电磁离合器压盘。安装电磁离合器压盘。

> **注意**
>
> 安装时注意压盘上的安装位置。

使用橡胶锤将压盘安装到位。

> **注意**
>
> 应在多个位置均匀锤击，否则会导致压盘倾斜。

使用专用工具固定电磁离合器压盘，安装固定螺栓。

（4）检查电磁离合器安装情况

转动电磁离合器传动带盘，应能转动自如、无卡滞，如图 4-1-30 所示。

转动电磁离合器压盘，应能转动自如、无卡滞，如图 4-1-31 所示。

图 4-1-30　转动电磁离合器传动带盘

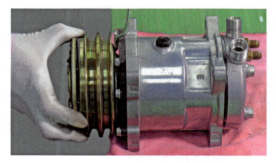

图 4-1-31　转动电磁离合器压盘

3. 冷凝器的更换

（1）拆卸冷凝器

1）拆卸前保险杠总成。

2）回收制冷系统中的制冷剂。

3）拆卸冷凝器排放软管。

拆下螺栓并将排放软管分总成从冷凝器上断开，如图 4-1-32 所示。

从排放软管上拆下 O 形圈。

> **注意**
> 用聚氯乙烯绝缘带密封断开部件的开口处，防止湿气和异物进入。

4）拆卸冷凝器空调管路和附件总成。

拆下螺栓，并将空调管路和附件总成从冷凝器上断开，如图 4-1-33 所示。

将 O 形圈从空调管路和附件总成上拆下。

> **注意**
> 用聚氯乙烯绝缘带密封断开部件的开口处，防止湿气和异物进入。

5）取出冷凝器总成。

取出带接收器的冷凝器总成，如图 4-1-34 所示。

（2）安装冷凝器

1）安装带接收器的冷凝器总成，如图 4-1-35 所示。

第 4 章 汽车空调制冷/暖风系统、通风系统的检测与拆装

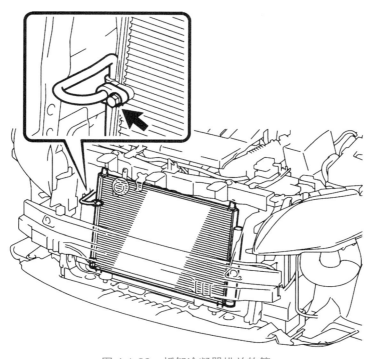

图 4-1-32 拆卸冷凝器排放软管

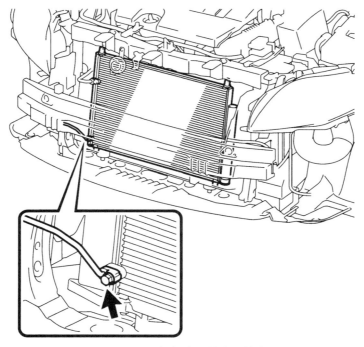

图 4-1-33 拆卸冷凝器空调管路

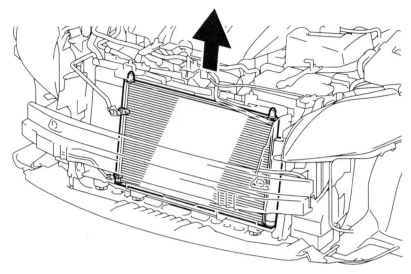

图 4-1-34 取出冷凝器总成

> **注意**
>
> 如果更换了新冷凝器,则需要向新冷凝器中加注压缩机专用机油,容量为40mL。

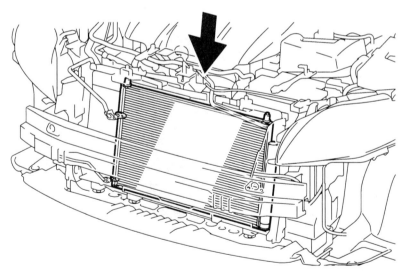

图 4-1-35 安装冷凝器总成

2)安装空调管路和附件。

从冷却器冷凝器总成的管路和连接部位拆下缠绕的聚氯乙烯绝缘带。

将压缩机专用机油涂抹到新O形圈和管路接头处的装配面上。

将O形圈安装至空调管路和附件总成。

用螺栓将空调管路和附件分总成安装至冷却器冷凝器总成上。

标准力矩:5.4N·m。

3)安装排放软管。

从冷却器冷凝器总成的管路和连接部位拆下缠绕的聚氯乙烯绝缘带。

在新 O 形圈和管路接头的装配面上涂抹一层压缩机专用机油。

将 O 形圈安装至排放软管的分总成上。

用螺栓将排放软管分总成安装至冷却器冷凝器总成上。

标准力矩：5.4N·m。

(3)加注制冷剂

(4)安装前保险杠总成

(5)发动机暖机

(6)检查制冷剂是否泄漏

4. 蒸发器的检查与更换

(1)拆卸蒸发器

1)打开前机舱盖。
2)操作空调制冷剂的回收程序。
3)断开蓄电池负极电缆。
4)拆卸仪表板总成。
5)拆卸仪表板横梁。
6)拆卸空调主机总成。
7)分解空调主机总成。
8)拆卸蒸发器芯体。

拆卸 7 个蒸发器芯体固定螺钉，如图 4-1-36 所示。

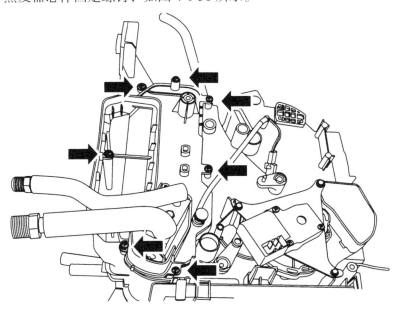

图 4-1-36　拆卸 7 个蒸发器芯体固定螺钉

脱开蒸发器温度传感器线束固定卡扣，抽出蒸发器芯体。

拆卸膨胀阀上盖板固定螺栓，取下膨胀阀上盖板与空调硬短管，如图 4-1-37 所示。

> **注意**
>
> 此螺栓带 2 个垫圈，注意小心取放，不要遗落。

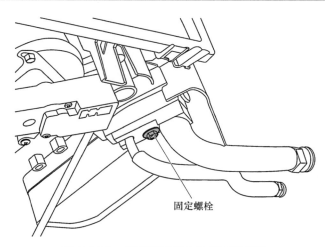

图 4-1-37　拆卸膨胀阀上盖板固定螺栓

拆卸膨胀阀固定螺栓，取出膨胀阀，如图 4-1-38 所示。

拆卸蒸发器温度传感器，如图 4-1-39 所示。

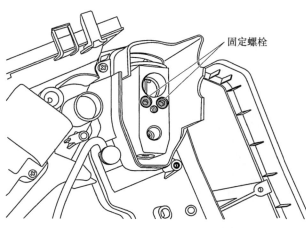

图 4-1-38　拆卸膨胀阀固定螺栓

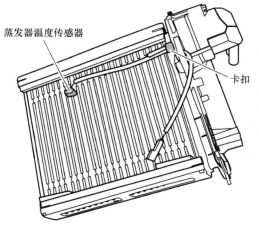

图 4-1-39　拆卸蒸发器温度传感器

（2）检查蒸发器

检查蒸发器管路接口是否有变形、翅片是否损坏、是否有泄漏制冷剂，如出现上述问题需要维修或更换。

（3）安装蒸发器

> **注意**
> 如果空调系统更换全新蒸发器芯体，则需向系统添加 40mL 压缩机专用机油；如果只是维修和拆装，则不需要添加压缩机专用机油。

1）安装蒸发器温度传感器。
2）放置膨胀阀，紧固膨胀阀 2 个螺栓。
标准力矩：18N·m。
3）放置膨胀阀上盖板与空调硬短管，紧固膨胀阀上盖板固定螺栓。
标准力矩：18N·m。

> **注意**
> 此螺栓带 2 个垫圈，注意小心取放，不要遗落。

4）放置蒸发器芯体，紧固 7 个固定螺钉。
标准力矩：3N·m。
5）固定蒸发器温度传感器线束固定卡扣。

（4）组装空调主机总成
（5）安装空调主机总成
（6）安装仪表板总成
（7）安装仪表板横梁
（8）加注冷却液
（9）操作空调制冷剂的加注程序
（10）关闭前机舱盖

5. 干燥器的拆卸与安装

（1）拆卸干燥器

1）用 14mm 内六角扳手拆下调节器上的盖，如图 4-1-40 所示。

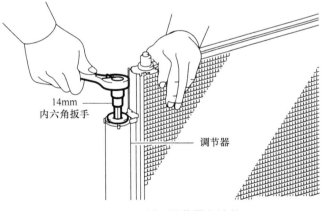

图 4-1-40　拆下调节器上的盖

2）用钳子拆下干燥器，如图 4-1-41 所示。

（2）安装干燥器

1）用钳子将冷却器干燥器安装到调节器上。
2）将压缩机专用机油涂抹到 O 形圈和盖的装配面上，如图 4-1-42 所示。
3）用 14 mm 内六角扳手将盖安装在冷却器冷凝器芯上。

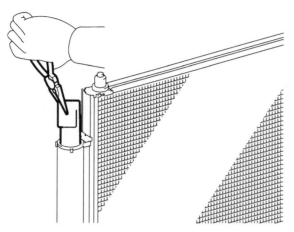

图 4-1-41 用钳子拆下冷却器干燥器

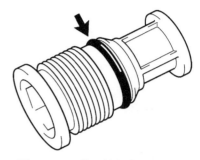

图 4-1-42 将压缩机专用机油涂抹到 O 形圈和盖的装配面上

标准力矩：2.9N·m。

6. 膨胀阀的检查与更换

（1）拆卸膨胀阀

1）回收制冷剂。

2）旋出固定螺栓，脱开高压管路、低压管路，并密封管路接头，如图 4-1-43 所示。

3）旋出膨胀阀与蒸发器连接螺栓，如图 4-1-44 所示。

4）取出膨胀阀，并完全密封。

5）密封蒸发器连接口。

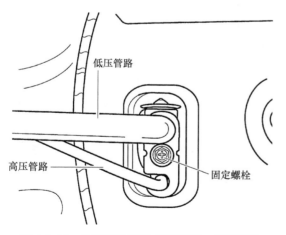

图 4-1-43 旋出固定螺栓并脱开高、低压管路

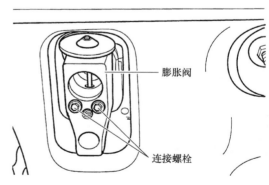

图 4-1-44 旋出连接螺栓

（2）检查膨胀阀

检查拆下来的膨胀阀，检查是否有污物、是否有堵塞、是否有损坏。

（3）安装膨胀阀

1）更换蒸发器高、低压管路 O 形密封圈，并涂抹压缩机机油。
2）安装膨胀阀到蒸发器上。
3）安装膨胀阀固定螺栓，并紧固。
标准力矩：（8±1.6）N·m。
4）更换高、低压管路 O 形密封圈，并涂抹压缩机机油。
5）安装高、低压管路，并安装固定螺栓。
标准力矩：（8±1.6）N·m。

> **注意**
>
> 必须更换 O 形密封圈，安装前，密封圈先用压缩机机油涂抹。
> 注意隔热板的安装位置是否正确，并检测其密封性。

6）加注制冷剂。

7. 空调管路的更换

（1）拆卸制冷回路高压管路

1）回收制冷剂。
2）拆卸前保险杠外罩。
3）拆卸导流板。
4）旋出管路固定螺母，如图 4-1-45 所示。
5）拔出高压管路接头及低压管路接头，并密封管路。

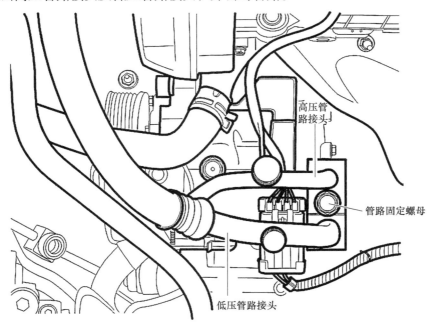

图 4-1-45　拆卸压缩机侧管路

6）旋出图 4-1-46 所示①、②管路接头与冷凝器的固定螺栓。

7）拔出图 4-1-46 所示①、②管路的接头，取出低压管路。

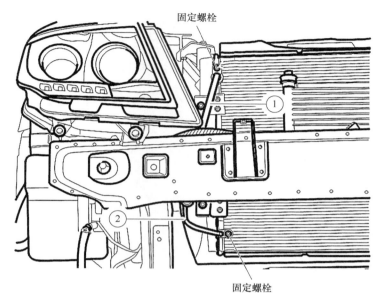

图 4-1-46　拆卸冷凝器管路接头

8）旋出膨胀阀侧管路固定螺栓，如图 4-1-47 所示。

9）拔出图 4-1-47 所示①、②管路的接头，取出高、低压管路。

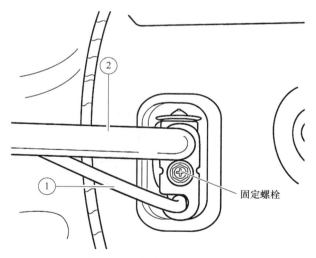

图 4-1-47　拆卸膨胀阀侧管路

10）旋出图 4-1-48 所示管路②和③的连接螺栓，拔出管路接头。

11）旋出图 4-1-48 所示卡箍①固定螺栓，取出卡箍①。

12）取出图 4-1-48 所示高压管路②、③。

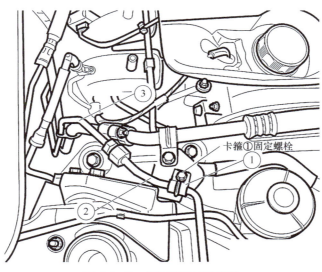

图 4-1-48 拆卸管路连接螺栓

（2）安装制冷回路高压管路

> **注意**
>
> 拆卸下的管路必须密封，并更换 O 形密封圈。

1）连接管路，并紧固螺栓。
标准力矩：（8±1.6）N·m。
2）安装膨胀阀侧管路，并紧固螺栓。
标准力矩：（8±1.6）N·m。
3）安装冷凝器管路，并紧固螺栓。
标准力矩：（8±1.6）N·m。
4）安装压缩机侧管路，并紧固螺栓。
标准力矩：（25±3）N·m。
5）加注制冷剂。
6）运行空调系统并检漏。

二 暖风系统的检测与拆装

1. 空调箱体总成的拆装

（1）拆卸空调箱体

1）制冷剂的回收与加注。

2）拆卸空气滤清器总成。

3）拆卸仪表台支架。

4）拆卸副仪表板后部风管总成。

5）拆卸左/右侧后风管总成。

6）使用软管夹夹紧暖风进水管、暖风出水管，如图4-2-1所示。

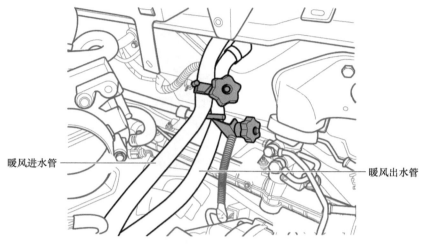

图 4-2-1　使用软管夹夹紧暖风进水管、出水管

7）使用可弯式喉式管束夹钳夹紧暖风水管卡箍，并移除水管卡箍，如图4-2-2所示。

8）脱开暖风水管。

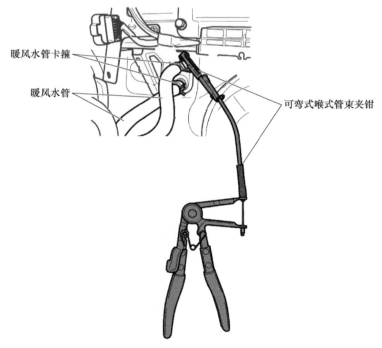

图 4-2-2　移除水管卡箍

9）拆卸膨胀阀。

10）旋出空调箱体固定螺栓，如图 4-2-3 所示。

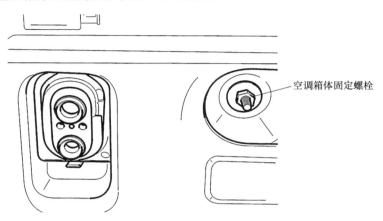

图 4-2-3　旋出空调箱体固定螺栓 1

11）旋出空调箱体的其他固定螺栓，如图 4-2-4 所示。

12）取出空调箱体总成。

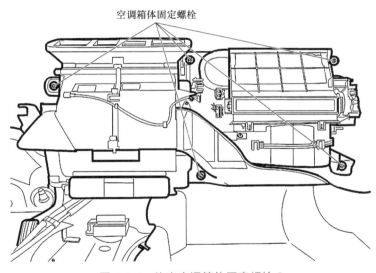

图 4-2-4　旋出空调箱体固定螺栓 2

（2）安装空调箱体

> **注意**
>
> 注意暖风进、出水管安装位置，不可互换。
> 添加或更换发动机冷却液。

1）安装空调箱体总成，并紧固乘员舱内与机舱内的螺栓。

标准力矩：（8±1.6）N·m。

2）安装膨胀阀，并紧固螺栓。

标准力矩：（8±1.6）N·m。

3）安装膨胀阀高、低压管路，并紧固螺栓。

标准力矩：（8±1.6）N·m。

4）安装暖风进水管、暖风出水管，并将水管卡箍安装到位。

5）添加冷却液。

6）加注制冷剂。

2. 暖风水箱的检查与更换

（1）拆卸暖风水箱

1）拆卸空调箱体总成。

2）取出橡胶垫，如图4-2-5所示。

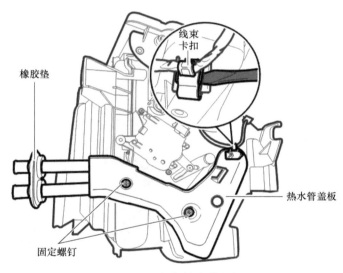

图 4-2-5　拆卸热水管盖板

3）使用螺丝刀撬出线束卡扣。

4）旋出固定螺钉，取下热水管盖板。

5）沿箭头（图4-2-6）方向取出暖风水箱。

（2）检查暖风水箱

检查暖风水箱是否漏水、是否有损坏。

（3）安装暖风水箱

安装大体以倒序进行，同时注意下列事项：

1）注意安装位置，暖风进、出水管安装位置不得互换。

2）检查橡胶垫密封性是否良好，有无损坏。

3）添加或更换发动机冷却液。

3. PTC 加热器的更换

以纯电动汽车为例。

（1）拆卸 PTC 加热器

1）将电源档位退至 OFF 档。
2）断开蓄电池负极。
3）拆卸高压控制器总成。
4）拆卸连接 PTC 加热器的暖风管路。
5）断开 PTC 加热器上的插接器。
6）用棘轮扳手拆卸 2 个固定螺栓和 1 个双头螺柱，取下 PTC 加热器，如图 4-2-7 所示。

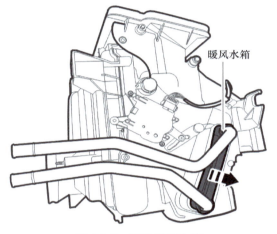

图 4-2-6　取出暖风水箱

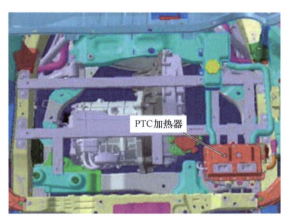

图 4-2-7　取下 PTC 加热器

（2）安装 PTC 加热器

1）将 PTC 加热器与大支架固定，用棘轮扳手紧固 2 个固定螺栓和 1 个双头螺柱。
2）连接 PTC 加热器上的插接器。
3）安装 PTC 加热器的暖风管路。
4）安装高压控制器总成。
5）加注冷却液。
6）连接蓄电池负极。

三　通风系统的检测与拆装

1. 空调滤芯的检查与更换

（1）拆卸空调滤芯

1）拆卸右侧脚部空间饰板。
将锁止件转动 90°，如图 4-3-1 所示。

将脚部空间饰板从导向件①中抽出。
将脚部空间饰板向内从导向件②中取下。
解锁并脱开相应的插头连接。
2）拆下空调滤芯。
拔下排水软管，如图 4-3-2 所示。
将排水软管从支架中抽出。

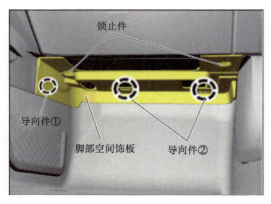

图 4-3-1　拆卸右侧脚部空间饰板

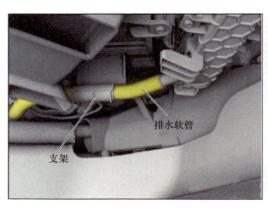

图 4-3-2　拔下排水软管

松开螺栓，如图 4-3-3 所示。
松开嵌入件，拆卸盖板。
取下空调滤芯，如图 4-3-4 所示。

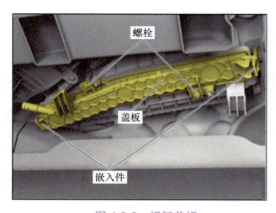

图 4-3-3　拆卸盖板

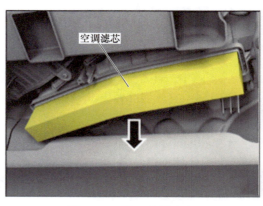

图 4-3-4　取下空调滤芯

（2）检查空调滤芯

检查空调滤芯进气方向是否有堵塞，是否有霉变、异味。

（3）安装空调滤芯

安装时确保箭头在微尘过滤器上始终朝向行驶方向，如图 4-3-5 所示。

图 4-3-5　安装方向

将空调滤芯穿入冷暖空调器内,并沿箭头Ⓐ方向稍稍向前按,如图4-3-6所示。
将空调滤芯朝箭头Ⓑ方向向上推入冷暖空调器中。
确保空调滤芯在推入冷暖空调器时不在空气内循环风门上。
如图4-3-7所示,略微用力将空调滤芯推入冷暖空调器至极限位置。

图4-3-6　安装空调滤芯　　　　　图4-3-7　将空调滤芯安装到位

安装盖板,并安装螺栓。
安装排水软管。

(4)安装右侧脚部空间装饰板

2. 鼓风机的检查与更换

(1)拆卸鼓风机

1)拆卸仪表板下护板。
2)拆卸鼓风机电机分总成。
拆下快速加热器插接器螺钉。
断开插接器。
拆下鼓风机电机4个螺钉,如图4-3-8所示。

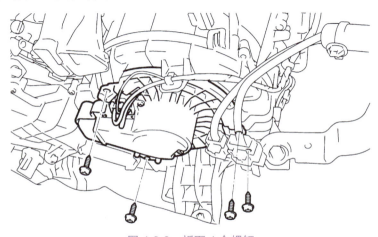

图4-3-8　拆下4个螺钉

取下鼓风机电机,如图 4-3-9 所示。

(2) 检查鼓风机

将蓄电池的正极(+)引线与端子 2 相连,负极(-)引线与端子 1 相连,如图 4-3-10 所示,检查并确认电机工作是否正常。

正常:鼓风机电机运转平稳。

如果结果不符合规定,则更换鼓风机电机。

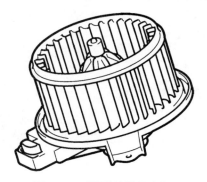

图 4-3-9 取下鼓风机电机

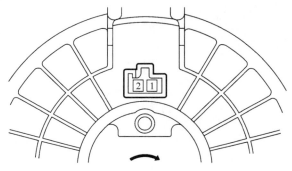

图 4-3-10 鼓风机插接器

(3) 安装鼓风机

安装鼓风机电机。

紧固鼓风机电机 4 个螺钉。

安装仪表板下护板。

四 传感器及其他部件的检测与拆装

1. 空调压力开关的检查与更换

(1) 检查空调压力开关

1) 确保空调系统压力正常,制冷剂含量在正常范围。

2) 关闭点火开关,拔出点火钥匙。

3) 拔下压力开关插头。

4) 起动发动机,打开空调系统时,第①引脚与第②引脚应导通,如图 4-4-1 所示。

5) 当空调高压管路压力过高时,第③引脚与第④引脚应导通。

6) 当空调高压管路压力超过极限值时,第①引脚与第②引脚应断开。

(2) 拆卸空调压力开关

1) 制冷剂的回收。

2) 断开三态压力开关插接器,如图 4-4-2 所示。

3) 沿箭头(图 4-4-2)方向旋出压力开关。

第 4 章 汽车空调制冷／暖风系统、通风系统的检测与拆装

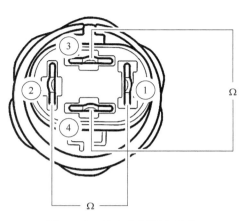

图 4-4-1 检查空调压力开关

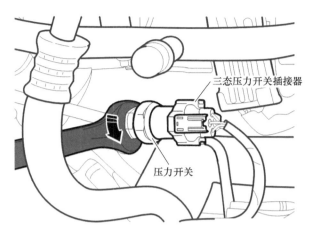

图 4-4-2 拆卸空调压力开关

（3）安装空调压力开关

安装大体以倒序进行，同时注意安装前必须检查压力开关。

加注制冷剂。

2. 环境温度传感器的检查与更换

（1）拆卸环境温度传感器

1）拆卸散热器上空气导流板。
2）拆下散热器格栅防护罩。
3）拆卸前保险杠总成。
4）拆卸环境温度传感器。
断开插接器（图 4-4-3）。
脱开卡夹和环境温度传感器。

（2）检查环境温度传感器

使用万用表 20kΩ 电阻档测量环境温度传感器，如图 4-4-4 所示，标准电阻见表 4-4-1。

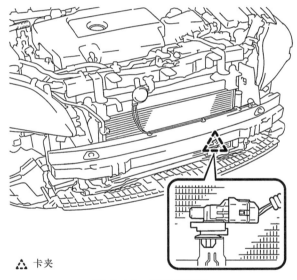

△ 卡夹

图 4-4-3 断开插接器

> **注意**
>
> 随着温度升高，电阻减小。

表 4-4-1 环境温度传感器标准电阻

检测仪连接	条件	规定状态
A23-1—A23-2	10℃（50℉）	3.00~3.73kΩ
A23-1—A23-2	15℃（59℉）	2.45~2.88kΩ

（续）

检测仪连接	条件	规定状态
A23-1—A23-2	20℃（68℉）	1.95~2.30kΩ
A23-1—A23-2	25℃（77℉）	1.60~1.80kΩ
A23-1—A23-2	30℃（86℉）	1.28~1.47kΩ
A23-1—A23-2	35℃（95℉）	1.00~1.22kΩ
A23-1—A23-2	40℃（104℉）	0.80~1.00kΩ
A23-1—A23-2	45℃（113℉）	0.65~0.85kΩ
A23-1—A23-2	50℃（122℉）	0.50~0.70kΩ
A23-1—A23-2	55℃（131℉）	0.44~0.60kΩ
A23-1—A23-2	60℃（140℉）	0.36~0.50kΩ

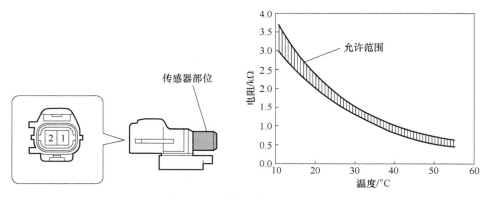

图 4-4-4　测量环境温度传感器

如果电阻不符合规定，更换环境温度传感器。

即使轻微接触传感器也可能会改变电阻值。
确保握住传感器的插接器。
测量时，传感器温度必须与环境温度相同。

（3）安装环境温度传感器

1）安装环境温度传感器。
接合卡夹并安装环境温度传感器。
连接插接器。
2）安装前保险杠总成。
3）安装散热器格栅防护罩。
4）安装散热器上空气导流板。

3. 车内温度传感器的检查与更换

（1）拆卸车内温度传感器

1）从蓄电池负极端子断开电缆。

> **注意**
> 断开端子后等待 90s，以防止气囊展开。
> 断开蓄电池电缆后重新连接时，某些系统需要初始化。

2）拆卸转向盘总成。
3）拆卸转向柱罩。
4）拆卸车内温度传感器。
断开插接器。
脱开空气软管。
脱开 2 个卡爪，并拆下车内温度传感器，如图 4-4-5 所示。

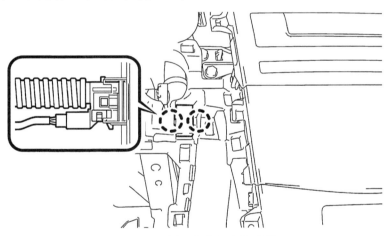

图 4-4-5　拆下车内温度传感器

（2）检查车内温度传感器

使用万用表 20kΩ 电阻档测量车内温度传感器，如图 4-4-6 所示，标准电阻见表 4-4-2。随着温度升高，电阻减小。

表 4-4-2　车内温度传感器标准电阻

检测仪连接	条件	规定状态
E25-1—E25-2	10℃（50℉）	3.00~3.73kΩ
E25-1—E25-2	15℃（59℉）	2.45~2.88kΩ
E25-1—E25-2	20℃（68℉）	1.95~2.30kΩ
E25-1—E25-2	25℃（77℉）	1.60~1.80kΩ

（续）

检测仪连接	条件	规定状态
E25-1—E25-2	30℃（86℉）	1.28~1.47kΩ
E25-1—E25-2	35℃（95℉）	1.00~1.22kΩ
E25-1—E25-2	40℃（104℉）	0.80~1.00kΩ
E25-1—E25-2	45℃（113℉）	0.65~0.85kΩ
E25-1—E25-2	50℃（122℉）	0.50~0.70kΩ
E25-1—E25-2	55℃（131℉）	0.44~0.60kΩ
E25-1—E25-2	60℃（140℉）	0.36~0.50kΩ

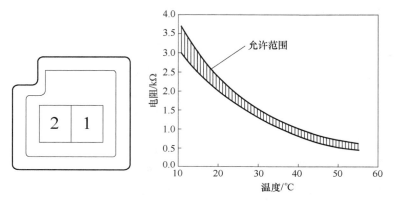

图 4-4-6　测量车内温度传感器

如果电阻不符合规定，更换车内温度传感器。

注意

只能通过传感器的插接器来握住传感器。
接触传感器可能会改变电阻值。
测量时，传感器温度必须与环境温度相同。

（3）安装车内温度传感器

1）安装车内温度传感器。
接合 2 个卡爪，并安装车内温度传感器。
接合空气软管。
连接插接器。
2）安装转向柱罩。
3）安装转向盘总成。
4）连接蓄电池负极端子电缆。

4. 蒸发器温度传感器的检查与更换

（1）拆卸蒸发器温度传感器

1）定位前轮，使其面向正前位置。
2）从蓄电池负极端子断开电缆。

注意

断开端子后等待90s，以防止气囊展开。

3）回收制冷系统中的制冷剂。
4）拆卸仪表总成。
5）拆卸空调箱体总成。
6）拆卸膨胀阀。
7）拆卸蒸发器。
8）将热敏电阻从蒸发器上拆下，如图4-4-7所示。

（2）检查蒸发器温度传感器

使用万用表20kΩ电阻档测量蒸发器温度传感器，如图4-4-8所示，标准电阻见表4-4-3。

随着温度升高，电阻减小。

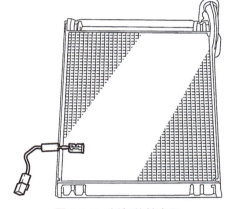

图4-4-7 拆卸热敏电阻

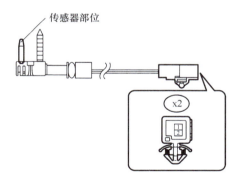
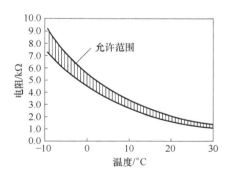

图4-4-8 测量蒸发器温度传感器

表4-4-3 蒸发器温度传感器标准电阻

检测仪连接	条件	规定状态
x2-1—x2-2	-10℃（14℉）	7.30~9.10kΩ
x2-1—x2-2	-5℃（23℉）	5.65~6.95kΩ
x2-1—x2-2	0℃（32℉）	4.40~5.35kΩ
x2-1—x2-2	5℃（41℉）	3.40~4.15kΩ

（续）

检测仪连接	条件	规定状态
x2-1—x2-2	10℃（50℉）	2.70~3.25kΩ
x2-1—x2-2	15℃（59℉）	2.14~2.58kΩ
x2-1—x2-2	20℃（68℉）	1.71~2.05kΩ
x2-1—x2-2	25℃（77℉）	1.38~1.64kΩ
x2-1—x2-2	30℃（86℉）	1.11~1.32kΩ

如果电阻不符合规定，则更换蒸发器温度传感器。

即使轻微接触传感器也可能会改变电阻值。确保握住传感器的插接器。
测量时，传感器温度必须与环境温度相同。

（3）安装蒸发器温度传感器

1）安装蒸发器温度传感器到蒸发器上。
2）安装蒸发器。
3）安装膨胀阀。
4）安装空调箱体总成。
5）安装仪表总成。
6）连接蓄电池负极端子电缆。
7）加注制冷剂。

5. 阳光传感器的检查与更换

（1）拆卸阳光传感器

1）从蓄电池负极端子断开电缆。

断开端子后等待90s，以防止气囊展开。
断开蓄电池电缆后重新连接时，某些系统需要初始化。

2）拆卸上仪表。
3）拆卸阳光传感器。
断开插接器。
脱开2个卡爪并拆下阳光传感器，如图4-4-9所示。

（2）检查阳光传感器

使用万用表200Ω电阻档测量阳光传感器，如图4-4-10所示，标准电阻见表4-4-4。

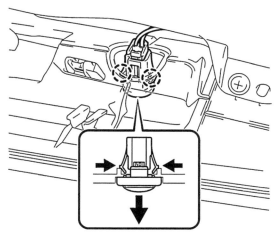

图 4-4-9　拆卸阳光传感器

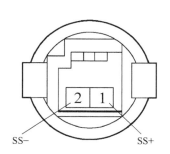

图 4-4-10　测量阳光传感器

随着温度升高，电阻减小。

表 4-4-4　阳光传感器标准电阻

检测仪连接	条件	规定状态
SS+ — SS-	用布盖上阳光传感器	∞ Ω
SS+ — SS-	用电灯照射阳光传感器	非 ∞ Ω

如果电阻不符合规定，则更换阳光传感器。

> **注意**
>
> 用白炽灯检查，使它与阳光传感器的距离在 30cm 之内。

（3）安装阳光传感器

1）接合 2 个卡爪并安装阳光传感器，如图 4-4-11 所示。

2）连接插接器。

3）安装仪表。

4）连接蓄电池负极端子电缆。

6. 空调压力传感器的检查

1）安装歧管压力表组件。

2）将插接器从空调压力传感器上断开。

3）将 3 节 1.5V 干电池的正极（+）引线连接到端子 3，并将负极（-）引线连接到端子 1。

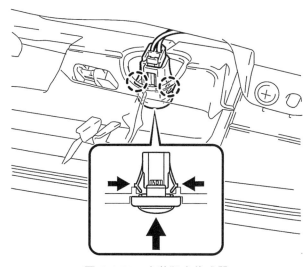

图 4-4-11　安装阳光传感器

4）将蓄电池正极（+）引线连接到端子2上，负极（-）引线连接到端子1上。

5）测量空调压力传感器电压，如图4-4-12所示，标准电压见表4-4-5。

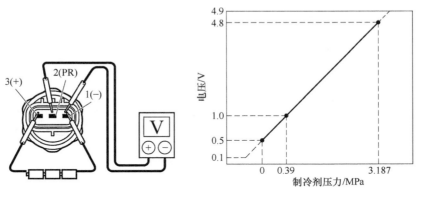

图4-4-12 测量空调压力传感器

表4-4-5 空调压力传感器标准电压

检测仪连接	条件	规定状态
2—1	制冷剂压力： 0.39~3.187MPa（57~463psi）	1.0~4.8V

如果结果不符合规定，则更换空调压力传感器。

7. 空调控制面板总成的更换

（1）拆卸空调控制面板总成

1）关闭点火开关及所有用电器，拔出点火钥匙。

2）断开蓄电池负极接线柱。

3）拆卸副仪表板。

4）旋出烟灰缸固定螺钉，取出烟灰缸，如图4-4-13所示。

5）脱开点烟器插头，如图4-4-14所示。

6）脱开点烟器照明灯插头。

7）旋出固定螺钉，脱开自动空调控制面板，如图4-4-15所示。

8）脱开连接插头，取出自动空调控制面板，如图4-4-16所示。

（2）安装空调控制面板总成

安装大体以倒序进行。

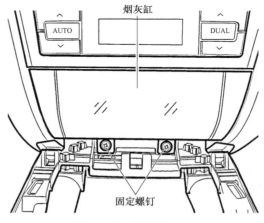

图4-4-13 取出烟灰缸

第 4 章 汽车空调制冷/暖风系统、通风系统的检测与拆装

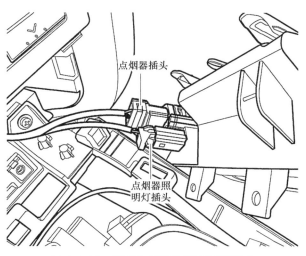

图 4-4-14　脱开点烟器及其照明灯插头

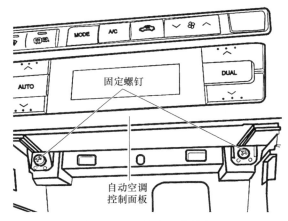

图 4-4-15　旋出固定螺钉

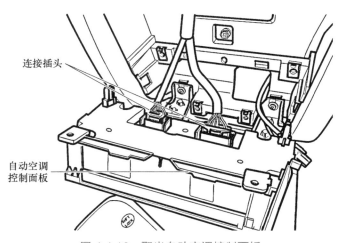

图 4-4-16　取出自动空调控制面板

8. 新鲜空气循环伺服电机的更换

（1）拆卸新鲜空气循环伺服电机

1）关闭点火开关及所有用电器，拔出点火钥匙。

2）断开蓄电池负极接线柱。

3）拆卸杂物箱。

4）旋出伺服电机固定螺钉，如图 4-4-17 所示。

5）取下伺服电机，脱开伺服电机插头。

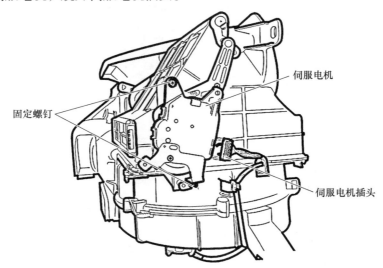

图 4-4-17　拆卸新鲜空气循环伺服电机

（2）安装新鲜空气循环伺服电机

安装大体以倒序进行，同时注意安装后，必须检查电机功能。

9. 气流模式风门伺服电机的更换

（1）拆卸气流模式风门伺服电机

1）关闭点火开关及所有用电器，拔出点火钥匙。

2）断开蓄电池负极接线柱。

3）拆卸空调箱体总成。

4）脱开伺服电机插头，旋出固定螺钉，如图 4-4-18 所示。

5）取出气流模式风门伺服电机。

（2）安装气流模式风门伺服电机

安装大体以倒序进行，同时注意安装后，必须检查电机功能。

10. 混合风门伺服电机（前排乘客侧）的更换

（1）拆卸混合风门伺服电机（前排乘客侧）

1）关闭点火开关及所有用电器，拔出点火钥匙。

第 4 章　汽车空调制冷/暖风系统、通风系统的检测与拆装

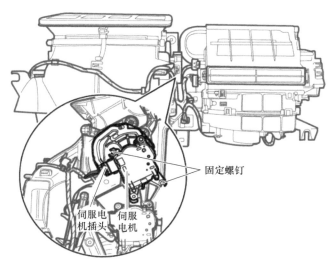

图 4-4-18　拆卸气流模式风门伺服电机

2）断开蓄电池负极接线柱。
3）拆卸 HVAC（暖风、通风和空调）总成。
4）脱开伺服电机插头，旋出固定螺钉，如图 4-4-19 所示。
5）取出混合风门伺服电机。

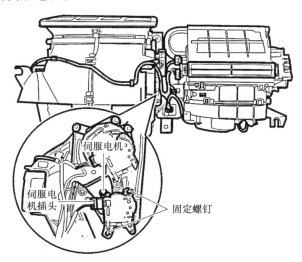

图 4-4-19　拆卸混合风门伺服电机（前排乘客侧）

（2）安装混合风门伺服电机（前排乘客侧）
安装大体以倒序进行，同时注意安装后，必须检查电机功能。

11. 混合风门伺服电机（驾驶员侧）的更换

（1）拆卸混合风门伺服电机（驾驶员侧）

1）关闭点火开关及所有用电器，拔出点火钥匙。

2）断开蓄电池负极接线柱。
3）拆卸驾驶员侧下护板总成。
4）脱开伺服电机插头，旋出固定螺钉，如图 4-4-20 所示。
5）取出伺服电机。

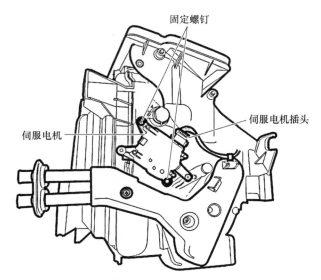

图 4-4-20　拆卸混合风门伺服电机（驾驶员侧）

（2）安装混合风门伺服电机（驾驶员侧）
安装大体以倒序进行，同时注意安装后，必须检查电机功能。

12. 检测风门伺服电机

空调系统的风门伺服电机，检测方法相同，安装位置不同。

检测方法适用于驾驶员侧混合风门伺服电机、前排乘客侧混合风门伺服电机、气流模式风门伺服电机。

1）拆下风门伺服器，测量伺服电机第⑥引脚与第⑦引脚是否导通，若不导通，则电机故障，如图 4-4-21 所示。
2）测量第①引脚与第③引脚是否导通，若不导通，则电位计故障。
3）测量第①引脚与第⑤引脚的电阻值，若不导通，则电位计故障。
4）若检测到其中一项发生故障，则伺服电机损坏需要更换。

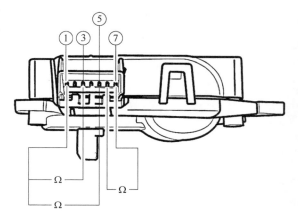

图 4-4-21　检测风门伺服电机

13. 电子风扇的检查与更换

（1）拆卸电子风扇

关闭点火开关及所有用电器，拔出点火钥匙。

拆卸电子风扇总成。

如图 4-4-22 所示，按压固定卡扣，脱开电子风扇线束插头。

旋出固定螺栓，取出电子风扇。

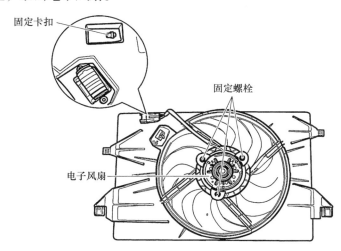

图 4-4-22　拆卸电子风扇

（2）检测电子风扇电机

断开风扇插头，测量两端电阻值是否符合标准，如不符合，则更换电子风扇电机，如图 4-4-23 所示。

标准电阻值：0.3~0.8Ω。

（3）安装电子风扇

安装大体以倒序进行，同时注意安装后，必须检查电机功能。

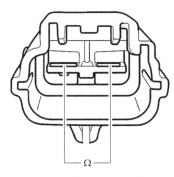

图 4-4-23　检测电子风扇电机

第 5 章
汽车空调制冷/暖风系统、通风系统的故障诊断

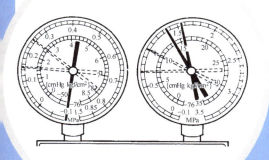

本章目录

一、汽车空调制冷系统常见故障诊断与排除

二、汽车暖风/通风系统常见故障诊断与排除

三、汽车空调制冷系统电路故障诊断与排除

四、汽车空调暖风系统电路故障诊断与排除

五、汽车空调通风系统电路故障诊断与排除

一、汽车空调制冷系统常见故障诊断与排除

1. 制冷系统中出现湿气

（1）故障现象

断断续续可以制冷，最终无法制冷。

空调系统中的湿气在膨胀阀节流孔处冻结，导致制冷剂循环暂时停止，系统停止工作后重新暖机，冰融化且暂时恢复正常工作。

（2）故障检查

工作期间，低压侧的压力在正常和真空之间切换，如图5-1-1所示。

冷却器干燥器（集成在冷凝器内）处于过饱和状态。

制冷系统内的湿气会在膨胀阀节流孔处冻结，阻碍制冷剂的循环。

（3）故障解决

更换冷却器干燥器。

通过反复抽出空气，除去系统中的湿气。

加注适量的新制冷剂。

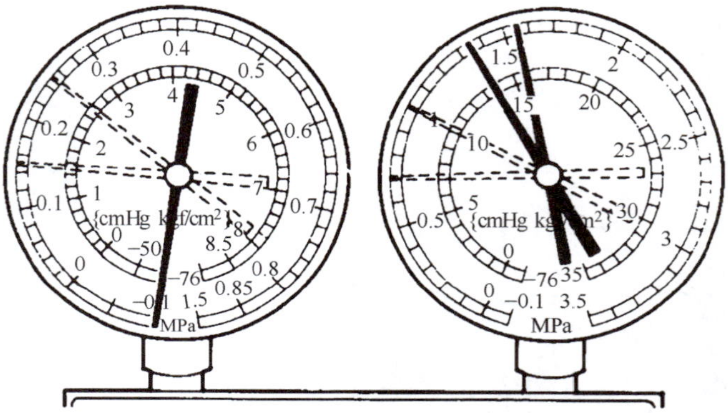

图 5-1-1　空调压力表检测

2. 制冷不足

（1）故障现象

制冷系统不能有效制冷。

制冷系统漏气。

（2）故障检查

低压侧和高压侧的压力均过低，如图5-1-2所示。

通过观察孔可不断地看到气泡，制冷性能不足。

原因：制冷剂不足、制冷剂泄漏。

（3）故障解决

检查有无漏气，必要时进行维修。

加注适量的新制冷剂。

如果仪表指示压力接近于0，则有必要在修复泄漏后抽空系统。

3. 制冷剂循环不良

（1）故障现象

制冷系统不能有效制冷。

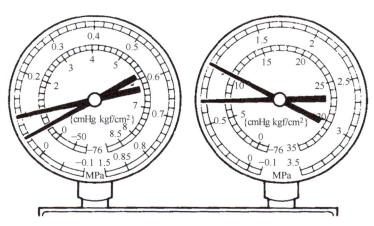

图 5-1-2 制冷不足时低压侧和高压侧的压力均过低

（2）故障检查

低压侧和高压侧的压力均过低，如图 5-1-3 所示。
冷凝器至制冷装置的管路结霜。

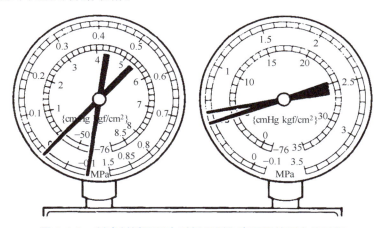

图 5-1-3 制冷剂循环不良时低压侧和高压侧的压力均过低

制冷剂液流被冷凝器芯管路内的灰尘堵塞。
原因：贮液器堵塞。

（3）故障解决

更换冷凝器。

4. 制冷剂不循环

（1）故障现象

制冷系统不工作。（有时它可能工作。）

（2）故障检查

低压侧显示真空，高压侧显示压力非常低，如图 5-1-4 所示。
在贮液器/干燥器或膨胀阀的两侧管路上均能看到结霜或冷凝现象。

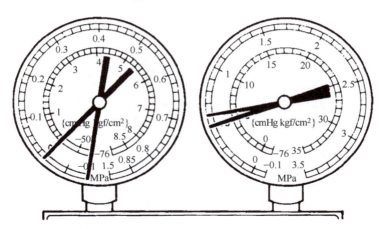

图 5-1-4 制冷剂不循环时低压侧显示真空，高压侧显示压力非常低

制冷剂的流动被制冷系统中的湿气或灰尘堵塞。
膨胀阀内部漏气造成制冷剂液流中断。
原因：制冷剂不循环。

（3）故障解决

更换膨胀阀。
更换冷凝器。
排空气体并加注适量的新制冷剂。
膨胀阀内部漏气时，更换膨胀阀。

5. 制冷剂加注过量或冷凝器的冷却效果不良

（1）故障现象

制冷系统不工作。

（2）故障检查

低压侧和高压侧的压力均过高，如图 5-1-5 所示。
即使发动机转速下降，通过观察孔也看不到气泡。

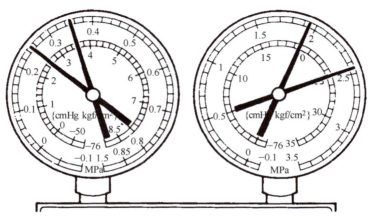

图 5-1-5 制冷剂过量或冷却效果不良时低压侧和高压侧的压力均过高

原因：

循环中的制冷剂过量→重新加注时添加了过量的制冷剂。

冷凝器的冷却效果不良→冷却风扇的冷凝器散热片堵塞。

过度使用制冷系统导致性能不能充分发挥。

（3）故障解决

清洁冷凝器。

检查冷凝器冷却风扇工作情况。

如果上述两项状态正常，检查制冷剂量并回收适量的制冷剂。

6. 制冷系统中有空气

（1）故障现象

制冷系统不工作。

（2）故障检查

低压侧和高压侧的压力均过高，如图 5-1-6 所示。

低压管路过热，不能触摸。

通过观察孔能看到气泡。

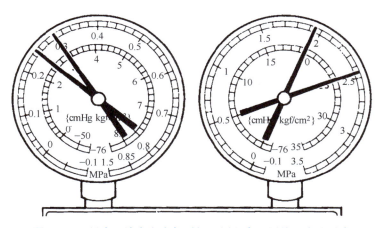

图 5-1-6　制冷系统中有空气时低压侧和高压侧的压力均过高

> **注意**
>
> 打开制冷系统，在不进行抽真空操作的情况下加注制冷剂，测量计便会出现图5-1-6所示现象。（原因：制冷系统中有空气。）

（3）故障解决

检查压缩机专用机油是否脏污或不足。

排空系统并重新加注新的或净化过的制冷剂。

7. 膨胀阀故障

(1) 故障现象

制冷不足。

(2) 故障检查

低压侧和高压侧的压力均过高，如图 5-1-7 所示。
低压侧管路有霜或大量冷凝。

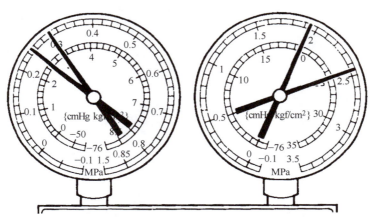

图 5-1-7　膨胀阀故障时低压侧和高压侧的压力均过高

在低压管路内存在过量制冷剂。
膨胀阀开度过大。
原因：膨胀阀可能卡住。

(3) 故障解决

更换膨胀阀。

8. 压缩机压缩循环量不足

(1) 故障现象

制冷不足。

(2) 故障检查

低压侧的压力过高，高压侧的压力过低，如图 5-1-8 所示。
压缩能力过低。
原因：
阀门损坏引起泄漏，或零件可能断裂。
压缩机内部泄漏。

(3) 故障解决

更换压缩机。

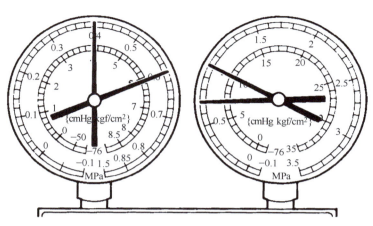

图 5-1-8 低压侧的压力过高,高压侧的压力过低

9. 制冷循环系统高压管路压力过高

（1）检查冷凝器

检查冷凝器散热片是否堵塞。
正常，检查电子风扇。
异常，清洗或更换冷凝器。

（2）检查电子风扇

检查电子风扇电机是否内部短路，或散热性差。
正常，观察制冷剂含量。
异常，更换电子风扇总成。

（3）观察制冷剂含量

检查观察孔内是否有气泡、检查制冷系统压力。
正常，检查膨胀阀。
异常，回收或排放制冷剂，达到标准含量。

（4）检查膨胀阀

检查膨胀阀是否堵塞或失效。
正常，检查压缩机离合器。
异常，更换膨胀阀。

（5）检查压缩机离合器

检查空调压缩机、压缩机离合器是否正常。
异常：
调整间隙、更换压缩机离合器后系统正常。
更换空调压缩机后系统正常。

10. 制冷循环系统低压管路压力过高

（1）检查制冷系统压力

检查制冷系统压力是否正常，制冷剂是否过量。
正常，检查膨胀阀。
异常，回收制冷剂，达到标准剂量。

（2）检查膨胀阀

检查膨胀阀是否正常，低压管路接口是否堵塞。
正常，检查空调压缩机。
异常，更换膨胀阀。

（3）检查空调压缩机

检查空调压缩机是否正常。
异常，更换空调压缩机后系统正常。

11. 空调不制冷

（1）检查空调继电器、熔丝

正常，检查压力开关。
异常，更换继电器、熔丝。

（2）检查压力开关

正常，检查温度传感器。
异常，更换压力开关。

（3）检查温度传感器

检查车外环境温度传感器、车内温度传感器、蒸发器温度传感器是否正常。
正常，检查压缩机电磁离合器。
异常，更换有故障的温度传感器。

（4）检查压缩机电磁离合器

检查压缩机电磁离合器间隙是否过大、压缩机电磁离合器是否损坏。
正常，检查制冷系统。
异常，调整电磁离合器间隙或更换电磁离合器。

（5）检查制冷系统

检查制冷系统压力是否正常，故障为制冷系统压力不足、制冷剂不足。
正常，检查空调压缩机。
异常，检查管路泄漏、回收或添加制冷剂，达到标准剂量。

（6）检查空调压缩机

检查空调压缩机是否正常。
正常，检查空调控制面板。
异常，更换空调压缩机。

（7）检查空调控制面板

检查空调控制面板总成功能是否正常。
异常，更换空调控制面板总成后系统正常。

12. 制冷循环系统高压管路压力过低

（1）初步检查观察孔内的制冷剂含量是否正常

检查观察孔内气泡是否过多、制冷剂是否不足。
正常，检查膨胀阀。
异常，检查管路是否泄漏、回收、添加制冷剂，达到标准剂量。

（2）检查膨胀阀

检查膨胀阀工作状态，如果低压表显示真空，则膨胀阀故障堵塞。
正常，检查压缩机电磁离合器。
异常，更换膨胀阀。

（3）检查压缩机电磁离合器

检查压缩机电磁离合器间隙是否过大、压缩机电磁离合器是否损坏。
正常，检查空调压缩机。
异常，调整电磁离合器间隙或更换电磁离合器。

（4）检查空调压缩机

检查空调压缩机管路是否泄漏、压力是否不足，空调压缩机内部是否有故障。
异常，更换空调压缩机后系统正常。

13. 空调压缩机失效、工作效率低

（1）检查空调继电器、熔丝

检查空调继电器、熔丝是否有熔断。
正常，检查压缩机传动带。
异常，更换继电器、更换熔丝。

（2）检查压缩机传动带

检查压缩机传动带是否有松弛或老化、打滑。
正常，检查压缩机电磁离合器。
异常，调整、更换压缩机传动带。

（3）检查压缩机电磁离合器

检查压缩机电磁离合器间隙是否过大、压缩机电磁离合器是否损坏。
正常，检查空调压缩机。
异常，调整电磁离合器间隙或更换电磁离合器。

（4）检查空调压缩机

检查空调压缩机是否存在故障，如空调压缩机内部故障。

正常，检查空调控制面板。
异常，更换空调压缩机。

（5）检查空调控制面板

检查空调控制面板功能是否正常。
异常，更换空调控制面板后系统正常。

14. 制冷循环系统低压管路压力过低

（1）检查观察孔气泡

检查观察孔气泡，如气泡过多，则制冷剂不足。
正常，检查膨胀阀。
异常，检查管路是否泄漏，回收、添加制冷剂，达到标准剂量。

（2）检查膨胀阀

检查膨胀阀工作状态，如无低温、低压管路不制冷，则膨胀阀堵塞。
正常，检查蒸发器。
异常，更换膨胀阀。

（3）检查蒸发器

检查蒸发器是否泄漏或堵塞。
异常，更换蒸发器后系统正常。

二 汽车暖风/通风系统常见故障诊断与排除

1. 空调系统无暖风

（1）检查暖风继电器、熔丝

检查暖风继电器、熔丝是否有故障。
正常，检查鼓风机。
异常，更换继电器、更换熔丝。

（2）检查鼓风机

检查鼓风机是否正常。
正常，检查伺服电机。
异常，检修或更换鼓风机。

（3）检查伺服电机

检查伺服电机是否正常，如风门无法开启、电机故障。
正常，检查暖风水箱。
异常，更换风门伺服电机。

（4）检查暖风水箱

检查暖风水箱是否正常，如暖风水箱泄漏、堵塞。
正常，检查空调控制面板。
异常，清洁、更换暖风水箱。

（5）检查空调控制面板总成

检查空调控制面板功能是否正常。
异常，更换空调控制面板总成后系统正常。

2. 汽车空调暖风过热

（1）故障现象

汽车空调暖风过热。

（2）故障分析

空调制热时，由于防冷空气的作用，当室内热交换器达到25℃以上时，内部风扇会随着微风工作，当温度达到38℃以上时，它会以设定的风速工作。首先发现风速低，出口风温高，检查风扇是否正常。当判断风速正常时，分析是传感器检测的温度可能不正确，导致室内风扇无法在设定的风速下运行，因此更换传感器。

（3）故障解决

1）风门调整不当，应重新调整。
2）如果发动机节温器损坏，应更换。
3）如果风扇调速电阻损坏，应更换调速电阻。
4）温度传感器故障，应更换。

3. 空调无送风

（1）初步检查鼓风机熔丝、继电器

检查鼓风机熔丝、继电器是否有故障。
正常，检查鼓风机。
异常，更换熔丝、继电器。

（2）检查鼓风机

检查鼓风机电机是否正常，如鼓风机电机短路或失效。
正常，检查热敏电阻。
异常，更换鼓风机。

（3）检查热敏电阻

检查热敏电阻是否正常，如热敏电阻短路或损坏。
异常，更换热敏电阻后系统正常。

三　汽车空调制冷系统电路故障诊断与排除

1. 电动压缩机不工作

以纯电动汽车为例。

（1）故障码

使用诊断仪读到的故障码（DTC），见表 5-3-1。

表 5-3-1　电动压缩机不工作故障码

故障码	故障描述/条件
B118F96	压缩机故障
B118F19	压缩机过流故障
B118F17	压缩机过压故障
B118F16	压缩机欠压故障
B11A417	压缩机待机过压故障
B11A416	压缩机待机欠压故障
B11A502	压缩机通信异常故障
B11A619	压缩机过流降频故障

（2）电路图

查询维修资料电路图，如图 5-3-1 所示。

（3）诊断步骤

以电动压缩机过流降频为例进行故障诊断与排除。

1）使用故障诊断仪读取故障码。

操作启动开关使电源模式至 ON 状态。

连接故障诊断仪，读取系统故障码。

确认系统是否存在故障码。

是，优先排除故障码指示故障。

否，检查压缩机熔丝 EF29。

2）检查压缩机熔丝 EF29。

检查压缩机熔丝 EF29。

熔丝的额定值：7.5A。

确认熔丝是否熔断。

是，在修理损坏的电路后，更换熔断的熔丝。

否，检查电动压缩机供电。

3）检查电动压缩机供电。

操作启动开关使电源模式至 OFF 状态。

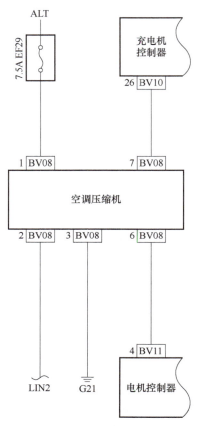

图 5-3-1　电动压缩机电路图

断开空调压缩机线束插接器 BV08。

车辆上电。

按下 A/C 按钮，测量空调压缩机线束插接器 BV08 端子 1 与可靠接地之间的电压，如图 5-3-2 所示。

电压标准值：11~14V。

确认电压值是否符合标准值。

是，更换电动压缩机。

否，检查电动压缩机接地线束。

4）检查电动压缩机接地线束。

操作启动开关使电源模式至 OFF 状态。

断开空调压缩机线束插接器 BV08。

测量空调压缩机线束插接器 BV08 端子 3 与可靠接地之间的电阻值，检查是否存在断路情况，如图 5-3-3 所示。

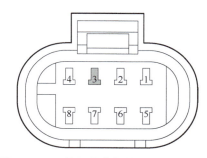

图 5-3-2　压缩机线束插接器 BV08 端子 1

标准电阻值：小于 1Ω。

确认电阻值是否符合标准值。

否，维修或更换线束。

是，检查空调压缩机与充电机控制器之间的线束。

5）检查空调压缩机与充电机控制器之间的线束。

操作启动开关使电源模式至 OFF 状态。

断开空调压缩机线束插接器 BV08。

断开充电机控制器线束插接器 BV10。

测量空调压缩机线束插接器 BV08 端子 7 与充电机控制器线束插接器 BV10 端子 26 之间的电阻值，检查是否存在断路情况，如图 5-3-4 所示。

图 5-3-3　压缩机线束插接器 BV08 端子 3

标准电阻值：小于 1Ω。

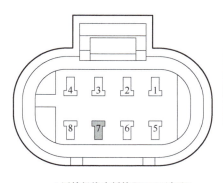

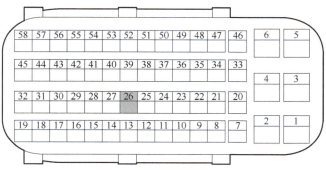

a）压缩机线束插接器BV08端子7　　　　b）充电机控制器线束插接器BV10端子26

图 5-3-4　检查空调压缩机与充电机控制器之间的线束

确认电阻值是否符合标准值。

否，维修或更换线束。

是，检查空调压缩机与电机控制器之间的线束。

6）检查空调压缩机与电机控制器之间的线束。

操作启动开关使电源模式至 OFF 状态。断开空调压缩机线束插接器 BV08。

断开电机控制器线束插接器 BV11。

测量空调压缩机线束插接器 BV08 端子 6 与电机控制器线束插接器 BV11 端子 4 之间的电阻值，检查是否存在断路情况，如图 5-3-5 所示。

标准电阻值：小于 1Ω。

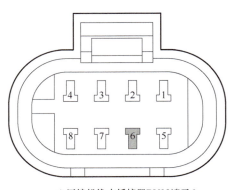

a) 压缩机线束插接器BV08端子6　　　　b) 电机控制器线束插接器BV11端子4

图 5-3-5　检查空调压缩机与电机控制器之间的线束

确认电阻值是否符合标准值。

否，维修或更换线束。

是，更换空调压缩机。

（4）解决措施

更换空调压缩机。

2. 车内温度传感器电路故障

（1）故障码

使用诊断仪读到的故障码，见表 5-3-2。

表 5-3-2　车内温度传感器电路故障码

DTC 编号	DTC 检测条件	故障部位
B1411/11	车内温度传感器电路（断路或短路）	1. 空调车内温度传感器 2. 空调车内温度传感器和空调放大器之间的线束或插接器 3. 空调放大器

（2）电路图

查询维修资料电路图，如图 5-3-6 所示。

（3）诊断步骤

1）读取数据流。

使用诊断仪读取车内温度传感器的数据流。

第 5 章 汽车空调制冷/暖风系统、通风系统的故障诊断

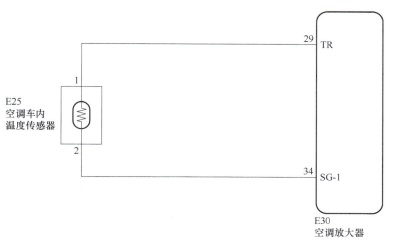

图 5-3-6　车内温度传感器电路图

正常值：显示实际的车厢温度。

参考值：最小为 -6.5℃，最大为 57.25℃。

正常，显示值与正常状态的数值相符。

异常，检查空调放大器。

2）检查空调放大器。

拆下空调放大器，使插接器仍然保持连接状态。

将启动开关置于 ON（IG）位置。

根据图 5-3-7 和表 5-3-3 测量电压。

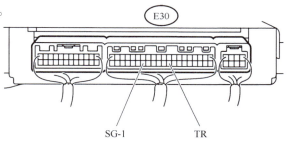

图 5-3-7　空调放大器插接器端子 29、34

表 5-3-3　空调放大器标准电压

检测仪连接	条件	规定状态
E30-29（TR）—E30-34（SG-1）	启动开关：置于 ON（IG）位置 25℃（77 ℉）	1.35~1.75V
E30-29（TR）—E30-34（SG-1）	启动开关：置于 ON（IG）位置 40℃（104 ℉）	0.9~1.2V

> **注意**
>
> 当温度上升时，电压下降，则更换空调放大器；电压未下降，则检查空调车内温度传感器。

3）检查空调车内温度传感器。

拆下空调车内温度传感器。

根据图 5-3-8 和表 5-3-4 测量电阻值。

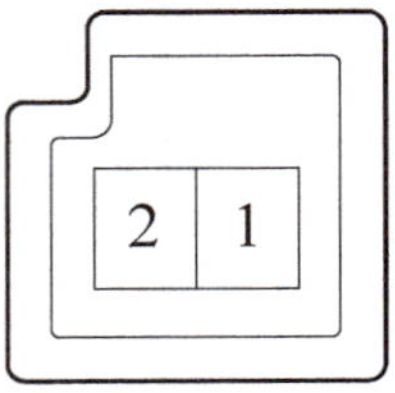

表 5-3-4　车内温度传感器标准电阻值

检测仪连接	条件	规定状态
E25-1—E25-2	10℃（50℉）	3.00~3.73kΩ
E25-1—E25-2	15℃（59℉）	2.45~2.88kΩ
E25-1—E25-2	20℃（68℉）	1.95~2.30kΩ
E25-1—E25-2	25℃（77℉）	1.60~1.80kΩ
E25-1—E25-2	30℃（86℉）	1.28~1.47kΩ
E25-1—E25-2	35℃（95℉）	1.00~1.22kΩ
E25-1—E25-2	40℃（104℉）	0.80~1.00kΩ
E25-1—E25-2	45℃（113℉）	0.65~0.85kΩ
E25-1—E25-2	50℃（122℉）	0.50~0.70kΩ
E25-1—E25-2	55℃（131℉）	0.44~0.60kΩ
E25-1—E25-2	60℃（140℉）	0.36~0.50kΩ

图 5-3-8　车内温度传感器插接器 E25

注意

只能通过传感器的插接器来握住传感器。接触传感器可能会改变电阻值。
测量时，传感器温度必须与环境温度相同。

提示

随着温度升高，电阻值减小。
正常，检查线束和插接器（空调车内温度传感器与空调放大器）。
异常，更换空调车内温度传感器。

4）检查线束和插接器（空调车内温度传感器—空调放大器）。
将插接器从空调放大器上断开。
将插接器从空调车内温度传感器上断开。
根据图 5-3-9 和表 5-3-5 测量电阻值。

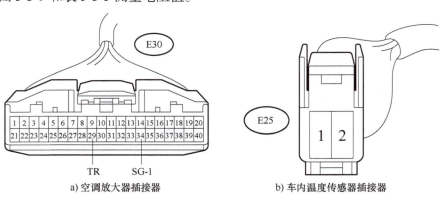

a) 空调放大器插接器　　　　b) 车内温度传感器插接器

图 5-3-9　断开车内温度传感器—空调放大器插接器

第5章 汽车空调制冷/暖风系统、通风系统的故障诊断

表 5-3-5 车内温度传感器—空调放大器正常时标准电阻值

检测仪连接	条件	规定状态
E30-29（TR）—E25-1	始终	小于 1Ω
E30-34（SG-1）—E25-2	始终	小于 1Ω
E30-29（TR）—车身搭铁	始终	10kΩ 或更大
E30-34（SG-1）—车身搭铁	始终	10kΩ 或更大

正常，更换空调放大器。

异常，维修或更换线束或插接器。

3. 环境温度传感器电路故障

（1）故障码

使用诊断仪读到的故障码，见表 5-3-6。

表 5-3-6 环境温度传感器电路故障码

DTC 编号	DTC 检测条件	故障部位
B1412/12	环境温度传感器电路断路或短路	1. 热敏电阻总成（环境温度传感器） 2. 热敏电阻总成(环境温度传感器)和组合仪表之间的线束或插接器 3. 组合仪表 4. CAN 通信系统 5. 空调放大器

（2）电路图

查询维修资料电路图，如图 5-3-10 所示。

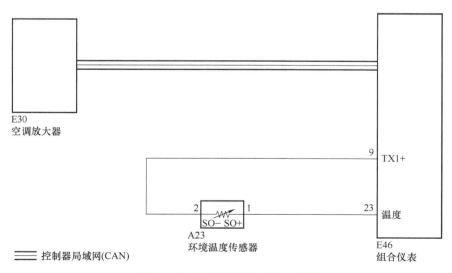

图 5-3-10 环境温度传感器电路图

（3）诊断步骤

1）检查 CAN 通信系统（组合仪表和空调放大器）。

使用诊断仪检查并确认组合仪表和空调放大器间的 CAN 通信系统工作是否正常。

输出 CAN 通信系统故障码，检查 CAN 通信系统故障。

未输出 CAN 通信系统故障码，读取数据流。

2）读取数据流。

读取环境温度传感器数据流。

正常值：显示实际的环境温度。

参考值：最小为 -23.3℃，最大为 65.95℃。

> **注意**
>
> 电路断路：-23.3℃。
> 电路短路：65.95℃。

正常，检查线束和插接器（环境温度传感器电路）。

异常，更换空调放大器。

3）检查线束和插接器（环境温度传感器电路）。

将插接器从组合仪表上断开。

根据图 5-3-11 和表 5-3-7 测量电阻值。

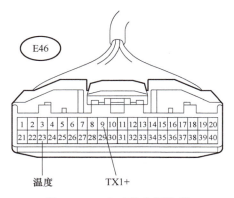

图 5-3-11 组合仪表插接器

表 5-3-7 环境温度传感器电路标准电阻值

检测仪连接	条件	规定状态
E46-9（TX1+）—E46-23（TEMP）	外部温度：25℃（77℉）	1.60~1.80kΩ
E46-9（TX1+）—E46-23（TEMP）	外部温度：40℃（104℉）	0.80~1.00kΩ

> **注意**
>
> 当温度上升时，电阻值减小。

将插接器重新连接到组合仪表上。

正常，更换组合仪表。

异常，检查环境温度传感器。

4）更换组合仪表。

第 5 章 汽车空调制冷/暖风系统、通风系统的故障诊断

更换组合仪表。

提示

由于从车辆拆下时不能对组合仪表进行检查,应使用正常件将其更换,然后检查并确认状态是否恢复正常。

未输出故障码 B1412,诊断结束。
输出故障码 B1412,检查环境温度传感器。
5)检查环境温度传感器。
将插接器从热敏电阻总成(环境温度传感器)上断开,如图 5-3-12 所示。
根据图 5-3-12 和表 5-3-8 测量电阻值。

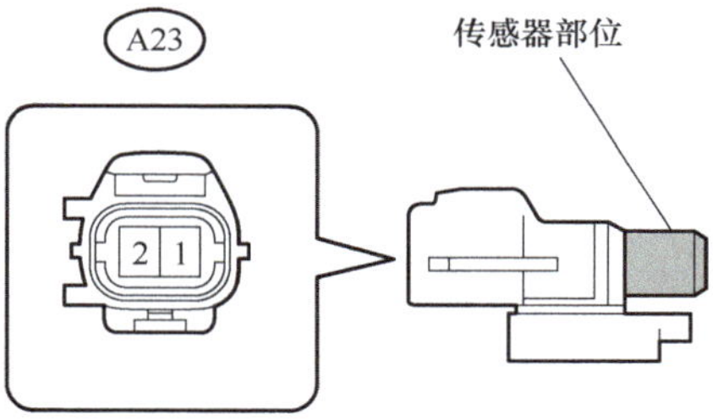

表 5-3-8 环境温度传感器标准电阻值

检测仪连接	条件	规定状态
A23-1(SO+)—A23-2(SO−)	10℃(50℉)	3.00~3.73kΩ
A23-1(SO+)—A23-2(SO−)	15℃(59℉)	2.45~2.88kΩ
A23-1(SO+)—A23-2(SO−)	20℃(68℉)	1.95~2.30kΩ
A23-1(SO+)—A23-2(SO−)	25℃(77℉)	1.60~1.80kΩ
A23-1(SO+)—A23-2(SO−)	30℃(86℉)	1.28~1.47kΩ
A23-1(SO+)—A23-2(SO−)	35℃(95℉)	1.00~1.22kΩ
A23-1(SO+)—A23-2(SO−)	40℃(104℉)	0.80~1.00kΩ
A23-1(SO+)—A23-2(SO−)	45℃(113℉)	0.65~0.85kΩ
A23-1(SO+)—A23-2(SO−)	50℃(122℉)	0.50~0.70kΩ
A23-1(SO+)—A23-2(SO−)	55℃(131℉)	0.44~0.60kΩ
A23-1(SO+)—A23-2(SO−)	60℃(140℉)	0.36~0.50kΩ

图 5-3-12 检查环境温度传感器

注意

即使轻微接触传感器也可能会改变电阻值。确保握住传感器的插接器。
测量时,传感器温度必须与环境温度相同。

提示

随着温度升高,电阻值减小。

正常,维修或更换线束或插接器(组合仪表—环境温度传感器)。
异常,更换环境温度传感器。

4. 蒸发器温度传感器电路故障

(1) 故障码

使用诊断仪读到的故障码，见表 5-3-9。

表 5-3-9　蒸发器温度传感器电路故障码

DTC 编号	DTC 检测条件	故障部位
B1413/13	蒸发器温度传感器电路断路或短路	1. 蒸发器温度传感器 2. 空调线束 3. 空调放大器

(2) 电路图

查询维修资料电路图，如图 5-3-13 所示。

图 5-3-13　蒸发器温度传感器电路图

(3) 诊断步骤

1) 读取数据流。

使用诊断仪读取蒸发器温度传感器数据流。

正常值：显示实际的蒸发器温度。

参考值：最小为 –29.7℃，最大为 59.55℃。

> **注意**
>
> 电路断路：–29.7℃。
> 电路短路：59.55℃。

正常，更换空调放大器。

异常，检查蒸发器温度传感器。

2) 检查蒸发器温度传感器。

将插接器从蒸发器温度传感器上断开。

根据图 5-3-14 和表 5-3-10 测量电阻值。

第 5 章　汽车空调制冷/暖风系统、通风系统的故障诊断

表 5-3-10　蒸发器温度传感器标准电阻值

检测仪连接	条件	规定状态
x2-1—x2-2	-10℃（14℉）	7.30~9.10kΩ
x2-1—x2-2	-5℃（23℉）	5.65~6.95kΩ
x2-1—x2-2	0℃（32℉）	4.40~5.35kΩ
x2-1—x2-2	5℃（41℉）	3.40~4.15kΩ
x2-1—x2-2	10℃（50℉）	2.70~3.25kΩ
x2-1—x2-2	15℃（59℉）	2.14~2.58kΩ
x2-1—x2-2	20℃（68℉）	1.71~2.05kΩ
x2-1—x2-2	25℃（77℉）	1.38~1.64kΩ
x2-1—x2-2	30℃（86℉）	1.11~1.32kΩ

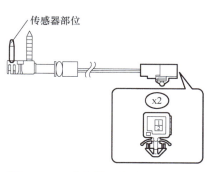

图 5-3-14　蒸发器温度传感器插接器

> **注意**
>
> 即使轻微接触传感器也可能会改变电阻值。确保握住传感器的插接器。
> 测量时，传感器温度必须与环境温度相同。

> **提示**
>
> 随着温度升高，电阻值减小。

正常，检查空调线束。
异常，更换蒸发器温度传感器。
3）检查空调线束。
拆下空调线束。
根据图 5-3-15 和表 5-3-11 测量电阻值。

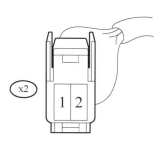

a) 蒸发器温度传感器插接器

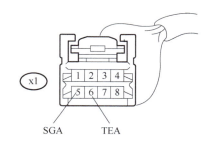

b) 空调放大器插接器

图 5-3-15　检查空调线束

表 5-3-11　空调线束标准电阻值

检测仪连接	条件	规定状态
x1-6（TEA）—x2-2	始终	小于1Ω
x1-5（SGA）—x2-1	始终	小于1Ω
x1-6（TEA）—车身搭铁	始终	10kΩ 或更大
x1-5（SGA）—车身搭铁	始终	10kΩ 或更大

正常，更换空调放大器。

异常，更换空调线束。

5. 阳光传感器电路故障

（1）故障码

使用诊断仪读到的故障码，见表 5-3-12。

表 5-3-12　阳光传感器电路故障码

DTC 编号	DTC 检测条件	故障部位
B1421/21	乘客侧阳光传感器电路断路或短路	1. 阳光传感器 2. 阳光传感器和空调放大器之间的线束或插接器 3. 空调放大器

（2）电路图

查询维修资料电路图，如图 5-3-16 所示。

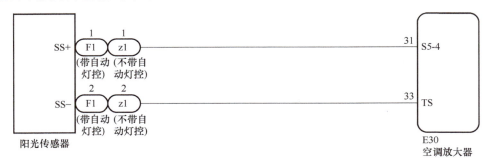

图 5-3-16　阳光传感器电路图

（3）诊断步骤

1）读取数据流。

使用诊断仪读取阳光传感器数据流。

正常状态：驾驶员侧阳光传感器数值随着亮度的增加而增加，其工作原理如图 5-3-17 所示。

正常值：驾驶员侧阳光传感器最小数值为 0，最大数值为 255lx。

正常，更换空调放大器。

异常，检查线束和插接器（阳光传感器）。

2）检查线束和插接器（阳光传感器）。

第5章 汽车空调制冷/暖风系统、通风系统的故障诊断

断开阳光传感器插接器。

根据图 5-3-18 和表 5-3-13 测量电压。

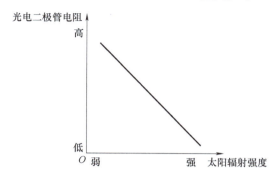

图 5-3-17　阳光传感器工作原理

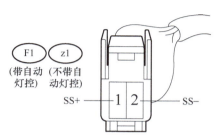

图 5-3-18　阳光传感器插接器

表 5-3-13　阳光传感器标准电压

检测仪连接	条件	规定状态
F1-1（SS+）—F1-2（SS−）（带自动灯控系统）	启动开关：置于 OFF 位置	低于 1V
F1-1（SS+）—F1-2（SS−）（带自动灯控系统）	启动开关：置于 ON（IG）位置	11~14V
z1-1（SS+）—z1-2（SS−）（不带自动灯控系统）	启动开关：置于 OFF 位置	低于 1V
z1-1（SS+）—z1-2（SS−）（不带自动灯控系统）	启动开关：置于 ON（IG）位置	11~14V

正常，更换阳光传感器。

异常，检查线束和插接器（阳光传感器—空调放大器）。

3）检查线束和插接器（阳光传感器—空调放大器）。

断开阳光传感器插接器。

断开空调放大器插接器。

根据图 5-3-19 和表 5-3-14 测量电阻值。

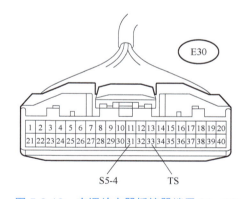

图 5-3-19　空调放大器插接器端子 31、33

表 5-3-14　阳光传感器—空调放大器正常时标准电阻值

检测仪连接	条件	规定状态
E30-33（TS）—F1-2（SS−）（带自动灯控系统）	始终	小于 1Ω
E30-31（S5-4）—F1-1（SS+）（带自动灯控系统）	始终	小于 1Ω
E30-33（TS）—z1-2（SS−）（不带自动灯控系统）	始终	小于 1Ω
E30-31（S5-4）—z1-1（SS+）（不带自动灯控系统）	始终	小于 1Ω
E30-33（TS）—车身搭铁	始终	10kΩ 或更大
E30-31（S5-4）—车身搭铁	始终	10kΩ 或更大

正常，更换空调放大器。

异常，维修或更换线束或插接器。

6. 压力传感器电路故障

（1）故障码

使用诊断仪读到的故障码，见表5-3-15。

表5-3-15 压力传感器电路故障码

DTC编号	DTC检测条件	故障部位
B1423/23	1. 压力传感器电路断路或短路 2. 高压侧制冷剂压力过低［0.19MPa（2.0kgf/cm²，28psi）或更低］或过高［3.14MPa（32.0kgf/cm²，455psi）或更高］	1. 压力传感器 2. 压力传感器和空调放大器之间的线束或插接器 3. 空调放大器 4. 膨胀阀（堵塞、卡滞） 5. 冷凝器（由于污垢而引起的制冷功能堵塞、失效） 6. 冷却器干燥器（制冷剂循环的水分无法吸收） 7. 冷却风扇系统（冷凝器无法冷却） 8. 空调系统（泄漏、堵塞）

（2）电路图

查询维修资料电路图，如图5-3-20所示。

（3）诊断步骤

1）检查线束和插接器（电源电路）。

将插接器从空调压力传感器上断开。

根据图5-3-21和表5-3-16测量电压。

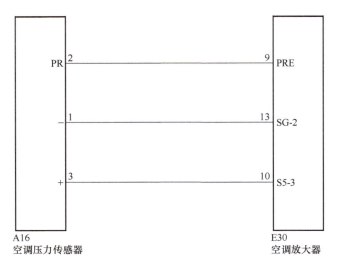

图5-3-20 压力传感器电路图

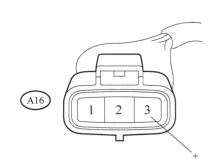

图5-3-21 空调压力传感器插接器端子3

第 5 章　汽车空调制冷/暖风系统、通风系统的故障诊断

表 5-3-16　压力传感器电源电路标准电压

检测仪连接	条件	规定状态
A16-3（+）—车身搭铁	启动开关置于 ON（IG）位置	约 5V

正常，检查线束和插接器（搭铁电路）。

异常，检查线束和插接器（空调放大器—空调压力传感器）。

2）检查线束和插接器（搭铁电路）。

根据图 5-3-22 和表 5-3-17 测量电阻值。

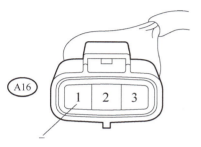

图 5-3-22　空调压力传感器插接器端子 1

表 5-3-17　压力传感器搭铁电路标准电阻值

检测仪连接	条件	规定状态
A16-1（-）—车身搭铁	始终	小于 1Ω

正常，检查空调压力传感器（传感器信号电路）。

异常，检查线束和插接器（空调放大器—空调压力传感器）。

3）检查空调压力传感器（传感器信号电路）。

将插接器重新连接到空调压力传感器上。

在插接器仍然连接的情况下，拆下空调放大器。

根据图 5-3-23 和表 5-3-18 测量电压。

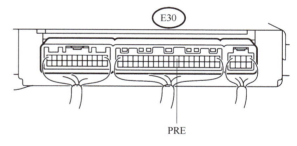

图 5-3-23　空调放大器插接器端子 9

表 5-3-18　压力传感器信号电路标准电压

检测仪连接	条件	规定状态
E30-9（PRE）—车身搭铁	启动开关置于 ON（IG）位置（空调：OFF）	0.7~0.8V

> **提示**
>
> 如果测量的电压不在正常范围内，则空调放大器、空调压力传感器或线束可能有故障。也可能是制冷剂量不合适。

正常，在一定条件下检查空调压力传感器（传感器信号电路）。

异常，检查线束和插接器（空调放大器—空调压力传感器）。

4）在一定条件下检查空调压力传感器（传感器信号电路）。

满足表 5-3-19 中条件后测量电压。

表 5-3-19　检测条件

项目	条件
车门	全开
温度设置	MAX COLD
鼓风机转速	HI
空调开关	ON
R/F 开关	RECIRCULATION
车内温度	25~35℃（77~95℉）
发动机转速	2000r/min

注意

如果在检查过程中高压侧制冷剂压力变得过高（电压超过 4.8V），则失效保护功能将停止压缩机的操作。因此，应在失效保护操作前测量电压。

必须每隔一定时间（约 10min）测量一下电压，因为一段时间后故障症状可能再次出现。

提示

当车外温度很低（低于 -1.5℃）时，压缩机会因环境温度和蒸发器温度传感器的操作而停止，以防止蒸发器冻结。在这种情况下，应在温暖的室内环境下执行检查。

根据表 5-3-20 测量电压。

表 5-3-20　一定检测条件下压力传感器信号电路标准电压

检测仪连接	条件	规定状态
E30-9（PRE）—车身搭铁	启动开关置于 ON（IG）位置（空调：OFF）	0.7~4.8V

正常，更换空调放大器。

异常，检查冷却风扇系统。

5）检查冷却风扇系统。

检查并确认冷却风扇工作正常。

正常，加注制冷剂。

异常，维修冷却风扇系统。

6）加注制冷剂。

使用制冷剂回收装置来回收制冷剂。

第 5 章 汽车空调制冷/暖风系统、通风系统的故障诊断

排空空调系统。
添加适量的制冷剂。

> **提示**
> 如果添加了制冷剂但系统没有正确排空（真空时间不足），系统内残留空气中的湿气会在膨胀阀内冻结，堵塞高压侧制冷剂的流动。因此，为确认故障，回收制冷剂并正确排空系统。添加适量的制冷剂，并检查故障码。

7）重新检查故障码。
满足表 5-3-21 中条件后重新检查故障码。

表 5-3-21　检查条件 1

项目	条件
车门	全开
温度设置	MAX COLD
鼓风机转速	HI
空调开关	ON
R/F 开关	RECIRCULATION
车内温度	25~35℃（77~95℉）
发动机转速	2000r/min

> **注意**
> 如果高压侧的制冷剂压力升高，将设置此故障码。因此，必须每隔一定时间（约 10min）测量一下电压，因为在空调运行一段时间后可能设置该故障码。

> **提示**
> 当外界温度很低（低于 −1.5℃）时，压缩机会因环境温度传感器和蒸发器温度传感器的操作而停止，以防止蒸发器冻结。在这种情况下，在暖的车内环境下执行检查。

如果制冷剂已添加而系统没有正确排空（真空时间不足），系统内残留空气中的湿气会在膨胀阀处冻结，堵塞高压侧的气流。因此，为确认故障，回收制冷剂并正确排空系统。添加适量的制冷剂，并检查故障码。
如果本操作后没有输出故障码，则表示冷凝器中的冷却器干燥器无法吸收制冷剂循环中的水分。在这种情况下，为完成维修，必须更换冷却器干燥器。
未输出故障码 B1423，更换冷却器干燥器。
输出故障码 B1423，更换膨胀阀。

8）更换膨胀阀。

换上正常的膨胀阀。

提示

之所以换上正常的膨胀阀，是因为膨胀阀卡住或阻塞了。

9）加注制冷剂。

添加适量的制冷剂。

10）重新检查故障码。

满足表 5-3-22 中条件后重新检查故障码。

表 5-3-22　检查条件 2

项目	条件
车门	全开
温度设置	MAX COLD
鼓风机转速	HI
空调开关	ON
R/F 开关	RECIRCULATION
车内温度	25~35℃（77~95℉）
发动机转速	2000r/min

注意

如果高压侧的制冷剂压力升高，将设置此故障码。因此，必须每隔一定时间（约 10min）测量一下电压，因为在空调运行一段时间后可能设置该故障码。

提示

当外界温度很低（低于 −1.5℃）时，压缩机会因环境温度传感器和蒸发器温度传感器的操作而停止，以防止蒸发器冻结。在这种情况下，在暖的车内环境下执行检查。

如果换上正常的膨胀阀后制冷剂压力仍不正常，则冷凝器或管路可能因污物、灰尘或其他污物而阻塞了。

在这种情况下，清理或更换冷凝器或管路。

未输出故障码 B1423，结束。

输出故障码 B1423，更换冷凝器。

11）检查线束和插接器（空调放大器端子 10—空调压力传感器端子 3）。

将插接器从空调放大器上断开。

根据图 5-3-24 和表 5-3-23 测量电阻值。

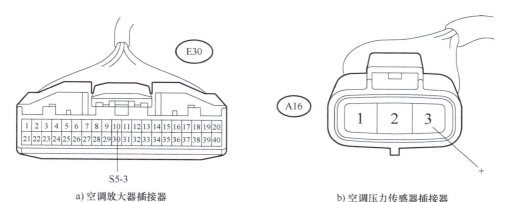

a）空调放大器插接器　　　　b）空调压力传感器插接器

图 5-3-24　检查线束和插接器（空调放大器端子 10—空调压力传感器端子 3）

表 5-3-23　空调放大器端子 10—空调压力传感器端子 3 正常时标准电阻值

检测仪连接	条件	规定状态
A16-3（+）—E30-10（S5-3）	始终	小于 1Ω
E30-10（S5-3）—车身搭铁	始终	10kΩ 或更大

正常，更换空调放大器。

异常，维修或更换线束或插接器。

12）检查线束和插接器（空调放大器端子 13—空调压力传感器端子 1）。

将插接器从空调放大器上断开。

根据图 5-3-25 和表 5-3-24 测量电阻值。

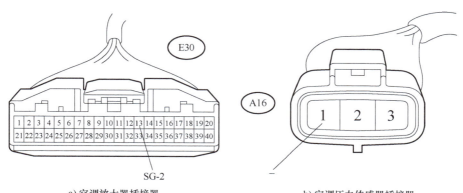

a）空调放大器插接器　　　　b）空调压力传感器插接器

图 5-3-25　检查线束和插接器（空调放大器端子 13—空调压力传感器端子 1）

正常，更换空调放大器。

异常，维修或更换线束或插接器。

13）检查线束和插接器（空调放大器端子 9—空调压力传感器端子 2）。

表 5-3-24　空调放大器端子 13—空调压力传感器端子 1 正常时标准电阻值

检测仪连接	条件	规定状态
A16-1（−）—E30-13（SG-2）	始终	小于 1Ω
E30-13（SG-2）—车身搭铁	始终	10kΩ 或更大

将插接器从空调放大器上断开。
根据图 5-3-26 和表 5-3-25 测量电阻值。

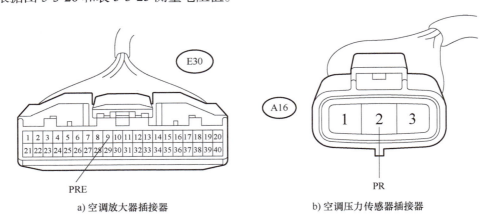

a) 空调放大器插接器　　　　　　b) 空调压力传感器插接器

图 5-3-26　检查线束和插接器（空调放大器端子 9—空调压力传感器端子 2）

表 5-3-25　空调放大器端子 9—空调压力传感器端子 2 正常时标准电阻值

检测仪连接	条件	规定状态
A16-2（PR）—E30-9（PRE）	始终	小于 1Ω
E30-9（PRE）—车身搭铁	始终	10kΩ 或更大

正常，检查空调系统是否泄漏。
异常，维修或更换线束或插接器。
14）检查空调系统是否泄漏。
安装歧管压力表组件。
使用制冷剂回收装置从空调系统中回收制冷剂。
排空空调系统，检查并确认空调系统内能保持真空。
正常：空调系统内能保持真空。

> **提示**
> 如果空调系统内不能保持真空，制冷剂可能会从中泄漏。
> 在这种情况下，必须维修或更换空调系统的泄漏零件。

正常，加注制冷剂。
异常，维修空调系统泄漏。

第 5 章 汽车空调制冷/暖风系统、通风系统的故障诊断

15）加注制冷剂。
添加适量的制冷剂。
16）重新检查故障码。
满足表 5-3-26 中条件后重新检查故障码。

表 5-3-26　检查条件 3

项目	条件
车门	全开
温度设置	MAX COLD
鼓风机转速	HI
空调开关	ON
R/F 开关	RECIRCULATION
车内温度	25~35℃（77~95℉）
发动机转速	2000r/min

注意

如果高压侧的制冷剂压力升高，将设置此故障码。因此，必须每隔一定时间（约 10min）测量一下电压，因为在空调运行一段时间后可能设置该故障码。

提示

当外界温度很低（低于 -1.5℃）时，压缩机会因环境温度传感器和蒸发器温度传感器的操作而停止，以防止蒸发器冻结。在这种情况下，在暖的车内环境下执行检查。

注意

如果因制冷剂不足或过量而导致设置此故障码，则在执行前面步骤后可能已经解决了这个问题。然而，制冷剂不足的根本原因可能是制冷剂泄漏。制冷剂过量的根本原因可能是在液位不足时添加了制冷剂。因此，必要时查找并维修制冷剂泄漏的部位。

未输出故障码 B1423，结束。
输出故障码 B1423，检查空调压力传感器。
17）检查空调压力传感器。
安装歧管压力表组件。
将插接器从空调压力传感器上断开。
将 3 节 1.5V 干电池的正极（＋）引线连接到端子 3 并将负极（－）引线连接到端子 1。
将电压表正极（＋）引线连接到端子 2 上，负极（－）引线连接到端子 1 上。

根据图 5-3-27 和表 5-3-27 测量电压。

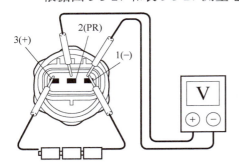

表 5-3-27　空调压力传感器标准电压

检测仪连接	条件	规定状态
2—1	制冷剂压力：0.39~3.187MPa（57~463psi）	1.0~4.8V

图 5-3-27　检查空调压力传感器

正常，更换空调放大器。

异常，更换空调压力传感器。

7. 压缩机电磁阀电路故障

（1）故障码

使用诊断仪读到的故障码，见表 5-3-28。

表 5-3-28　压缩机电磁阀电路故障码

DTC 编号	DTC 检测条件	故障部位
B1451/51	外部可变压缩机电路的电磁阀断路或短路	1. 空调压缩机 2. 空调放大器和外部可变排量压缩机电磁阀之间的线束或插接器 3. 空调放大器

（2）电路图

查询维修资料电路图，如图 5-3-28 所示。

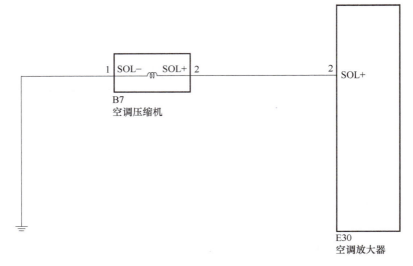

图 5-3-28　压缩机电磁阀电路图

第 5 章　汽车空调制冷/暖风系统、通风系统的故障诊断

（3）诊断步骤

1）检查空调压缩机。

断开空调压缩机插接器。

根据图 5-3-29 和表 5-3-29 测量电阻值。

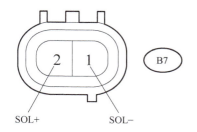

图 5-3-29　空调压缩机插接器

表 5-3-29　空调压缩机标准电阻值

检测仪连接	条件	规定状态
B7-2（SOL+）—B7-1（SOL-）	20℃（68℉）	10~11Ω

正常，检查线束和插接器（空调压缩机—车身搭铁）。

异常，更换空调压缩机。

2）检查线束和插接器（空调压缩机—车身搭铁）。

断开空调压缩机插接器。

根据图 5-3-30 和表 5-3-30 测量电阻值。

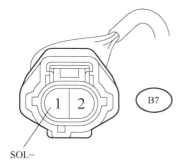

图 5-3-30　空调压缩机插接器端子 1

表 5-3-30　空调压缩机—车身搭铁正常时标准电阻值

检测仪连接	条件	规定状态
B7-1（SOL-）—车身搭铁	始终	小于 1Ω

正常，检查线束和插接器（空调压缩机—空调放大器）。

异常，维修或更换线束或插接器。

3）检查线束和插接器（空调压缩机—空调放大器）。

断开空调压缩机插接器。

断开空调放大器插接器。

根据图 5-3-31 和表 5-3-31 测量电阻值。

表 5-3-31　空调压缩机—空调放大器正常时标准电阻值

检测仪连接	条件	规定状态
E30-2（SOL+）—B7-2（SOL+）	始终	小于 1Ω
E30-2（SOL+）—车身搭铁	始终	10kΩ 或更大

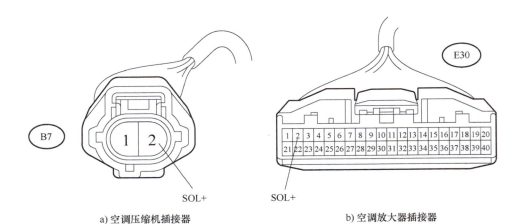

a) 空调压缩机插接器　　　b) 空调放大器插接器

图 5-3-31　检查线束和插接器（空调压缩机—空调放大器）

正常，更换空调放大器。

异常，维修或更换线束或插接器。

8. 空调控制器电源故障

以吉利纯电动汽车为例。

（1）故障码

使用诊断仪读到的故障码，见表 5-3-32。

表 5-3-32　空调控制器电源故障码

故障码	说明
U300616	控制模块输入电压低
U300617	控制模块输入电压高

（2）电路图

查询维修资料电路图，如图 5-3-32 所示。

（3）诊断步骤

1）检查空调控制器故障码。

使用诊断仪检查空调控制器是否有故障码。

是，根据输出的故障码维修电路。

否，检查蓄电池电压。

2）检查蓄电池电压。

测量蓄电池电压。

电压标准值：11~14V。

确认电压是否符合标准值。

是，检查空调控制器熔丝 IF06 和 IF27。

否，蓄电池充电或检查充电系统。

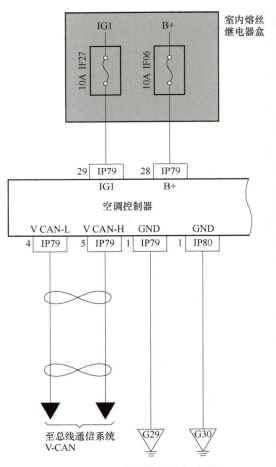

图 5-3-32　空调控制器电路图

第 5 章　汽车空调制冷/暖风系统、通风系统的故障诊断

3）检查空调控制器熔丝 IF06 和 IF27。

检查熔丝 IF06 和 IF27 线路是否有短路故障。

进行线路修理，确认没有线路短路现象。

更换额定电流的熔丝。

熔丝 IF06 和 IF27 的额定电流值均为 10A。

确认空调控制器是否正常工作。

是，系统正常。

否，检查空调控制器线束插接器（端子电压）。

4）检查空调控制器线束插接器（端子电压）。

操作启动开关使电源模式至 OFF 状态。

断开空调控制器线束插接器 IP79 和 IP80。

操作启动开关使电源模式至 ON 状态。

测量空调控制器线束插接器 IP79 端子 28、29 对车身搭铁的电压，如图 5-3-33 所示。

电压标准值：11~14V。

确认电压是否符合标准值。

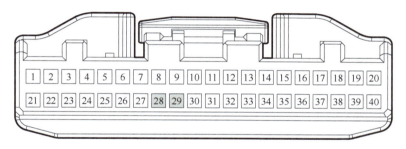

图 5-3-33　空调控制器线束插接器 IP79 端子 28 与 29

是，检查空调控制器线束插接器（搭铁端子导通性）。

否，修理或更换线束。

5）检查空调控制器线束插接器 IP79（搭铁端子导通性）。

操作启动开关使电源模式至 OFF 档。

测量空调控制器线束插接器 IP79 端子 1 与车身搭铁之间的电阻值，如图 5-3-34 所示。

电阻标准值：小于 1Ω。

确认电阻是否符合标准值。

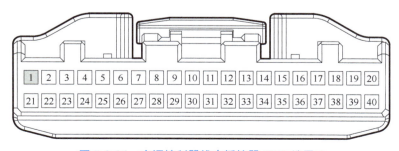

图 5-3-34　空调控制器线束插接器 IP79 端子 1

是，检查空调控制器线束插接器（搭铁端子导通性）。

否，修理或更换线束。

6）检查空调控制器线束插接器 IP80（搭铁端子导通性）。

操作启动开关使电源模式至 OFF 档。

测量空调控制器线束插接器 IP80 端子 1 与车身接地之间的电阻值，如图 5-3-35 所示。

电阻标准值：小于 1Ω。

确认电阻是否符合标准值。

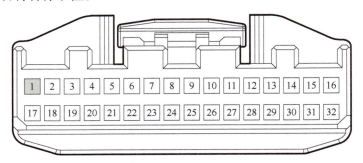

图 5-3-35　空调控制器线束插接器 IP80 端子 1

是，更换空调控制器。

否，修理或更换线束。

7）更换空调控制器。

更换空调控制器。

操作启动开关使电源模式至 ON 状态，确认功能是否正常。

是，系统正常。

9. 空调系统通信故障

以吉利纯电动汽车为例。

（1）故障码

使用诊断仪读到的故障码，见表 5-3-33。

表 5-3-33　空调系统通信故障码

故障码	说明
U007300	控制 CAN 总线关闭
U010087	与发动机管理系统（EMS）通信丢失
U011087	与集成动力单元（IPU）通信丢失
U011287	与电池管理系统（BMS）通信丢失
U012287	与电子稳定性控制系统（ESC）通信丢失
U014087	与车身控制模块（BCM）通信丢失
U015587	与仪表系统（IPK、ICU）通信丢失
U015687	与多媒体系统（MMI）通信丢失

第 5 章 汽车空调制冷/暖风系统、通风系统的故障诊断

(续)

故障码	说明
U019887	与远程信息处理控制器（TBOX）通信丢失
U021487	与智能进入系统（PEPS）通信丢失
U040181	EMS 信号无效
U041681	ESC 信号无效
U111487	与整车控制单元（VCU）通信丢失
U111587	与车载充电机（OBC）通信丢失
U010187	与变速器控制单元（TCU）通信丢失
U016B87	与空调压缩机控制模块（ACCM）通信丢失
U025987	与 VCU 通信丢失［局域互联网络（LIN）总线］
U111C87	与电磁阀 WV1 通信丢失
U111D87	与电磁阀 WV2 通信丢失
U111E87	与电磁阀 WV3 通信丢失

（2）电路图

查询维修资料电路图，如图 5-3-36 所示。

（3）诊断步骤

1）检查空调控制器故障码。

使用诊断仪检查空调控制器是否有故障码。

是，根据输出的故障码维修电路。

否，检查蓄电池电压。

2）检查蓄电池电压。

测量蓄电池电压。

电压标准值：11~14V。

确认电压是否符合标准值。

是，检查空调控制器熔丝 IF06 和 IF27。

否，蓄电池充电或检查充电系统。

3）检查空调控制器熔丝 IF06 和 IF27。

检查熔丝 IF06 和 IF27 是否熔断。

是，检修熔丝 IF06 和 IF27 线路。

否，检查空调控制器线束插接器（端子电压）。

4）检修熔丝 IF06 和 IF27 线路。

检查熔丝 IF06 和 IF27 线路是否有短路故障。

进行线路修理，确认没有线路短路现象。

更换额定电流的熔丝。

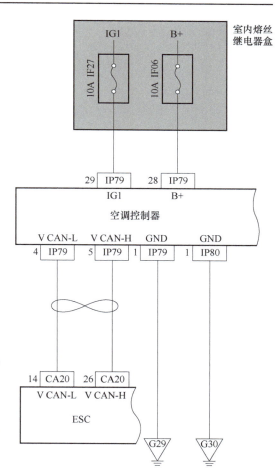

图 5-3-36 空调系统通信电路图

熔丝 IF06 和 IF27 的额定电流值均为 10A。

确认空调控制器是否正常工作。

是，系统正常。

否，检查空调控制器线束插接器（端子电压）。

5）检查空调控制器线束插接器（端子电压）。

操作启动开关使电源模式至 OFF 状态。

断开空调控制器线束插接器 IP79 和 IP80。

操作启动开关使电源模式至 ON 状态。

测量空调控制器线束插接器 IP79 端子 28、29 对车身搭铁的电压。

电压标准值：11~14V。

确认电压是否符合标准值。

是，检查空调控制器线束插接器（搭铁端子导通性）。

否，修理或更换线束。

6）检查空调控制器线束插接器（搭铁端子导通性）。

操作启动开关使电源模式至 OFF 档。

测量空调控制器线束插接器 IP79 端子 1 与车身搭铁之间的电阻值。

电阻标准值：小于 1Ω。

确认电阻是否符合标准值。

是，检查空调控制器线束插接器（搭铁端子导通性）。

否，修理或更换线束。

7）检查空调控制器线束插接器（搭铁端子导通性）。

操作启动开关使电源模式至 OFF 档。

测量空调控制器线束插接器 IP80 端子 1 与车身搭铁之间的电阻值。

电阻标准值：小于 1Ω。

确认电阻是否符合标准值。

是，检查 ESC 线束插接器（端子电压）。

否，修理或更换线束。

8）检查 ESC 线束插接器（端子电压）。

操作启动开关使电源模式至 OFF 状态。

断开 ESC 线束插接器 CA20。

操作启动开关使电源模式至 ON 状态。

测量 ESC 线束插接器 CA20 端子 1、25、28 对车身搭铁的电压值，如图 5-3-37 所示。

电压标准值：11~14V。

确认电压是否符合标准值。

是，检查 ESC 线束插接器（搭铁端子导通性）。

否，修理或更换线束。

9）检查 ESC 线束插接器（搭铁端子导通性）。

操作启动开关使电源模式至 OFF 档。

断开 ESC 线束插接器 CA20。

第 5 章　汽车空调制冷/暖风系统、通风系统的故障诊断

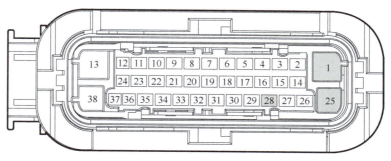

图 5-3-37　ESC 线束插接器 CA20 端子 1、25、28

测量 ESC 线束插接器 CA20 端子 13、38 与车身搭铁之间的电阻值，如图 5-3-38 所示。
电阻标准值：小于 1Ω。
确认电阻是否符合标准值。

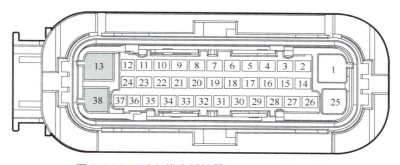

图 5-3-38　ESC 线束插接器 CA20 端子 13、38

是，检查空调控制器与 ESC 之间线束插接器的数据通信线。
否，修理或更换线束。
10）检查空调控制器与 ESC 之间线束插接器的数据通信线。
操作启动开关使电源模式至 OFF 状态。
将蓄电池负极电缆从蓄电池上断开。
断开空调控制器线束插接器 IP79。
从 ESC 上断开线束插接器 CA20。
测量空调控制器线束插接器 IP79 端子 5（图 5-3-39）与 ESC 线束插接器 CA20 端子 26（图 5-3-40）之间的电阻值。
测量空调控制器线束插接器 IP79 端子 4（图 5-3-39）与 ESC 线束插接器 CA20 端子 14（图 5-3-40）之间的电阻值。
电阻标准值：小于 1Ω。
确认电阻是否符合标准值。
是，更换 ESC。
否，修理或更换线束。
11）更换 ESC。
更换 ESC。

图 5-3-39　空调控制器线束插接器 IP79 端子 4、5

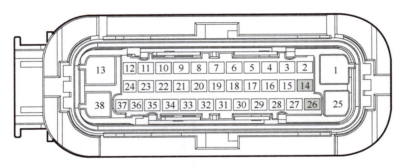

图 5-3-40　ESC 线束插接器 CA20 端子 14、26

操作启动开关使电源模式至 ON 状态,确认功能是否正常。

是,系统正常。

否,更换空调控制器。

12)更换空调控制器。

更换空调控制器。

操作启动开关使电源模式至 ON 状态,确认功能是否正常。

是,系统正常。

四　汽车空调暖风系统电路故障诊断与排除

1. 加热器控制面板电源电路故障

(1)电路图

查询维修资料电路图,如图 5-4-1 所示。

(2)诊断步骤

1)检查线束和插接器(IG+—车身搭铁)。

将插接器从空调控制总成上断开。

根据图 5-4-2 和表 5-4-1 测量电压。

第 5 章　汽车空调制冷/暖风系统、通风系统的故障诊断

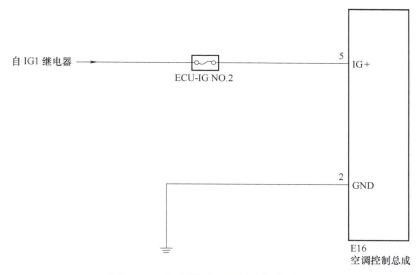

图 5-4-1　加热器控制面板电源电路图

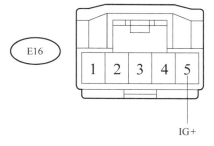

图 5-4-2　空调控制总成插接器端子 5

表 5-4-1　IG+—车身搭铁标准电压

检测仪连接	条件	规定状态
E16-5（IG+）—车身搭铁	启动开关：置于 ON（IG）位置	11~14V
E16-5（IG+）—车身搭铁	启动开关：置于 OFF 位置	低于 1V

正常，检查线束和插接器（GND—车身搭铁）。

异常，维修或更换线束或插接器。

2）检查线束和插接器（GND—车身搭铁）。

根据图 5-4-3 和表 5-4-2 测量电阻值。

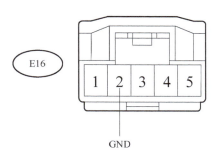

图 5-4-3　空调控制总成插接器端子 2

表 5-4-2　GND—车身搭铁标准电阻值

检测仪连接	条件	规定状态
E16-2（GND）—车身搭铁	始终	小于 1Ω

正常，系统正常。

异常，维修或更换线束或插接器。

2. PTC 加热器故障

(1) 电路图

查询维修资料电路图,如图 5-4-4 所示。

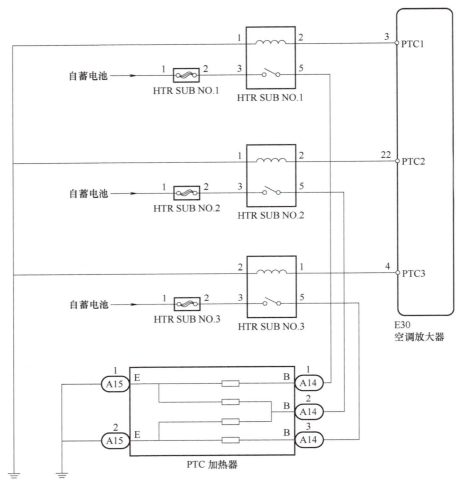

图 5-4-4　PTC 加热器电路图

(2) 诊断步骤

1) 检查熔丝（HTR SUB NO.1、HTR SUB NO.2、HTR SUB NO.3）。

将 HTR SUB NO.1、HTR SUB NO.2 和 HTR SUB NO.3 熔丝从发动机舱继电器盒和接线盒上拆下。

根据表 5-4-3 测量电阻值。

将 HTR SUB NO.1、HTR SUB NO.2 和 HTR SUB NO.3 熔丝安装至发动机舱继电器盒和接线盒。

正常,检查继电器（HTR SUB NO.1、HTR SUB NO.2、HTR SUB NO.3）。

异常,更换熔丝（HTR SUB NO.1、HTR SUB NO.2、HTR SUB NO.3）。

表 5-4-3　PTC 加热器熔丝标准电阻值

检测仪项目	条件	规定状态
HTR SUB NO.1 熔丝	始终	小于 1Ω
HTR SUB NO.2 熔丝	始终	小于 1Ω
HTR SUB NO.3 熔丝	始终	小于 1Ω

2）检查继电器（HTR SUB NO.1、HTR SUB NO.2、HTR SUB NO.3）。

将 HTR SUB NO.1、HTR SUB NO.2 和 HTR SUB NO.3 继电器从发动机舱 7 号继电器盒上拆下。

根据图 5-4-5 和表 5-4-4 测量电阻值。

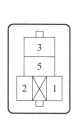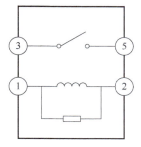

表 5-4-4　PTC 加热器继电器标准电阻值

检测仪连接	规定状态
3—5	10kΩ 或更大
3—5	小于 1Ω（当蓄电池电压施加到端子 1 和 2 时）

图 5-4-5　检查继电器

将 HTR SUB NO.1、HTR SUB NO.2 和 HTR SUB NO.3 继电器安装至发动机舱 7 号继电器盒。

正常，检查线束和插接器（发动机舱 7 号继电器盒—空调放大器、车身搭铁）。

异常，更换继电器（HTR SUB NO.1、HTR SUB NO.2、HTR SUB NO.3）。

3）检查线束和插接器（发动机舱 7 号继电器盒—空调放大器、车身搭铁）。

将插接器从空调放大器上断开。

将 HTR SUB NO.1、HTR SUB NO.2 和 HTR SUB NO.3 熔丝从发动机舱 7 号继电器盒上拆下。

根据图 5-4-6、图 5-4-7 和表 5-4-5 测量电阻值。

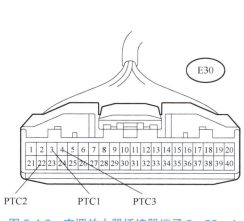

图 5-4-6　空调放大器插接器端子 3、22、4

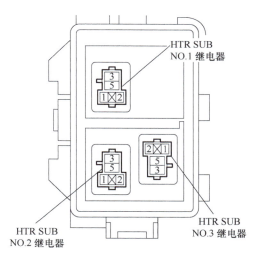

图 5-4-7　拆下继电器

表 5-4-5 发动机舱 7 号继电器盒—空调放大器、车身搭铁正常时标准电阻值

检测仪连接	条件	规定状态
E30-3（PTC1）—HTR SUB NO.1 继电器端子 2	始终	小于 1Ω
E30-22（PTC2）—HTR SUB NO.2 继电器端子 2	始终	小于 1Ω
E30-4（PTC3）—HTR SUB NO.3 继电器端子 1	始终	小于 1Ω
E30-3（PTC1）—车身搭铁	始终	10kΩ 或更大
E30-22（PTC2）—车身搭铁	始终	10kΩ 或更大
E30-4（PTC3）—车身搭铁	始终	10kΩ 或更大
HTR SUB NO.1 继电器端子 1—车身搭铁	始终	小于 1Ω
HTR SUB NO.2 继电器端子 1—车身搭铁	始终	小于 1Ω
HTR SUB NO.3 继电器端子 2—车身搭铁	始终	小于 1Ω

正常，检查空调放大器。

异常，维修或更换线束或插接器。

4）检查空调放大器。

在插接器仍然连接的情况下，拆下空调放大器。

根据图 5-4-8 和表 5-4-6 测量电压。

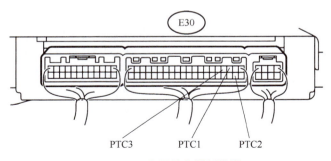

图 5-4-8 空调放大器插接器

表 5-4-6 空调放大器—车身搭铁标准电压

检测仪连接	条件	规定状态
E30-3（PTC1）—车身搭铁	启动开关置于 ON（IG）位置 温度设置：MAX.HOT 环境温度：10℃（50℉）或更低 发动机冷却液温度：65℃（149℉）或更低 鼓风机开关：OFF	低于 1V
E30-3（PTC1）—车身搭铁	发动机运转（1250r/min 或更高） 温度设置：MAX.HOT 环境温度：10℃（50℉）或更低 发动机冷却液温度：65℃（149℉）或更低 鼓风机开关：ON	11~14V

（续）

检测仪连接	条件	规定状态
E30-22（PTC2）—车身搭铁	启动开关置于 ON（IG）位置 温度设置：MAX.HOT 环境温度：10℃（50℉）或更低 发动机冷却液温度：65℃（149℉）或更低 鼓风机开关：OFF	低于 1V
E30-22（PTC2）—车身搭铁	发动机运转（1250r/min 或更高） 温度设置：MAX.HOT 环境温度：10℃（50℉）或更低 发动机冷却液温度：65℃（149℉）或更低 鼓风机开关：ON	11~14V
E30-4（PTC3）—车身搭铁	启动开关置于 ON（IG）位置 温度设置：MAX.HOT 环境温度：10℃（50℉）或更低 发动机冷却液温度：65℃（149℉）或更低 鼓风机开关：OFF	低于 1V
E30-4（PTC3）—车身搭铁	发动机运转（1250r/min 或更高） 温度设置：MAX.HOT 环境温度：10℃（50℉）或更低 发动机冷却液温度：65℃（149℉）或更低 鼓风机开关：ON	11~14V

正常，检查 PTC 加热器。

异常，继续检查故障。

5）检查 PTC 加热器。

将插接器从 PTC 加热器上断开。

根据图 5-4-9 和表 5-4-7 测量电阻值。

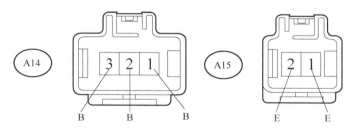

图 5-4-9　PTC 加热器插接器

表 5-4-7　PTC 加热器标准电阻值

检测仪连接	条件	规定状态
A14-1（B）—A15-1（E）	始终	小于 1Ω
A14-2（B）—A15-2（E）	始终	小于 1Ω
A14-2（B）—A15-1（E）	始终	小于 1Ω
A14-3（B）—A15-2（E）	始终	小于 1Ω

正常，维修或更换线束或插接器。

异常，更换 PTC 加热器。

3. 与 PTC 加热器通信丢失

以吉利纯电动汽车为例。

（1）故障码

使用诊断仪读到的故障码，见表 5-4-8。

表 5-4-8　与 PTC 加热器通信丢失故障码

故障码	说明
B118E96	PTC 加热器故障
U111F87	与 PTC 加热器通信丢失

（2）电路图

查询维修资料电路图，如图 5-4-10 所示。

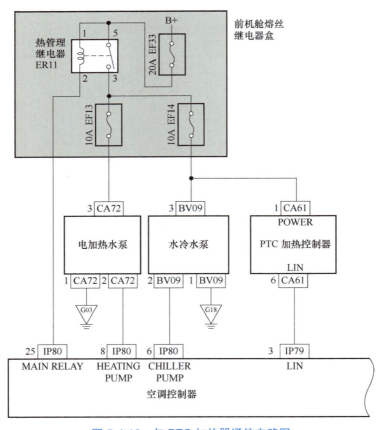

图 5-4-10　与 PTC 加热器通信电路图

（3）诊断步骤

1）使用故障诊断仪读取故障码。

操作启动开关使电源模式至 ON 状态。

连接故障诊断仪，读取系统故障码。

确认系统是否存在故障码。

是，检查 PTC 加热控制器熔丝 EF14。

否，正确连接线束插接器。

2）检查 PTC 加热控制器熔丝 EF14。

检查熔丝 EF14 是否熔断。

是，检修加热器熔丝 EF14 线路。

否，检查 PTC 加热器电源线束。

3）检修 PTC 加热控制器熔丝 EF14 线路。

检查熔丝 EF14 线路是否有短路故障。

进行线路修理，确认没有线路短路现象。

更换额定电流的熔丝。

熔丝 EF14 的额定电流值为 10A。

确认是否正常工作。

是，系统正常。

否，检查 PTC 加热器电源线束。

4）检查 PTC 加热器电源线束。

操作启动开关使电源模式至 OFF 档。

断开 PTC 加热器线束插接器 CA61。

操作启动开关使电源模式至 ON 档，起动 PTC 加热器。

测量 PTC 加热器插接器 CA61 端子 1 与车身搭铁之间的电压值，如图 5-4-11 所示。

电压标准值：11~14V。

确认电压是否符合标准值。

是，检查 PTC 加热器与空调控制器之间的线束。

否，修理或更换线束。

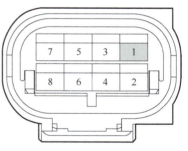

图 5-4-11　PTC 加热器线束插接器 CA61 端子 1

5）检查 PTC 加热器与空调控制器之间的线束。

操作启动开关使电源模式至 OFF 档。

断开 PTC 加热器线束插接器 CA61。

断开空调控制器线束插接器 IP79。

测量 CA61 端子 6（图 5-4-12）与 IP79 端子 3（图 5-4-13）之间的电阻值。

电阻标准值：小于 1Ω。

确认电阻是否符合标准值。

是，更换 PTC 加热器。

否，检查 PTC 加热器电源线束。

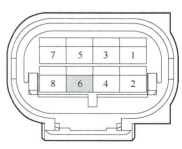

图 5-4-12　PTC 加热器线束插接器 CA61 端子 6

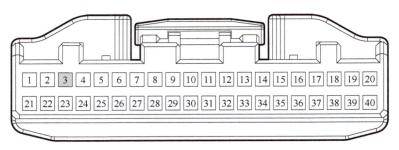

图 5-4-13　空调控制器线束插接器 IP79 端子 3

6）更换 PTC 加热器。

操作启动开关使电源模式至 OFF 状态。

断开蓄电池负极电缆。

更换 PTC 加热器。

确认故障是否排除。

是，系统正常。

否，更换空调控制器。

7）更换空调控制器。

操作启动开关使电源模式至 OFF 状态。

断开蓄电池负极电缆。

更换空调控制器。

确认故障是否排除。

是，系统正常。

4. 电加热水泵电路故障

以吉利纯电动汽车为例。

（1）故障码

使用诊断仪读到的故障码，见表 5-4-9。

表 5-4-9　电加热水泵电路故障码

故障码	说明
B11917B	电加热水泵空载
B119197	电加热水泵堵转/过流
B119198	电加热水泵过流关闭
B119121	电加热水泵转速过低
B119113	电加热水泵开路

（2）电路图

查询维修资料电路图，如图 5-4-14 所示。

第 5 章　汽车空调制冷/暖风系统、通风系统的故障诊断

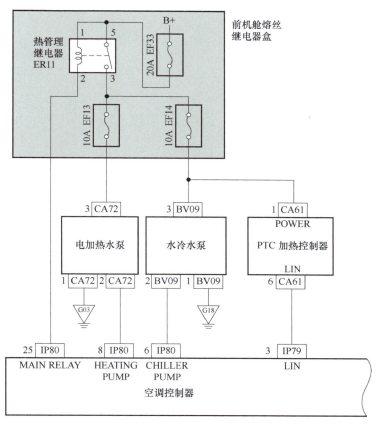

图 5-4-14　电加热水泵电路图

(3) 诊断步骤

1) 使用故障诊断仪读取故障码。
操作启动开关使电源模式至 ON 状态。
连接故障诊断仪，读取系统故障码。
确认系统是否存在故障码。
是，检查电加热水泵熔丝 EF13。
否，正确连接线束插接器。

2) 检查电加热水泵熔丝 EF13。
检查熔丝 EF13 是否熔断。
是，检修熔丝 EF13 线路。
否，检查电加热水泵电源线路。

3) 检修熔丝 EF13 线路。
检查熔丝 EF13 线路是否有短路故障。
进行线路修理，确认没有线路短路现象。
更换额定电流的熔丝。
熔丝 EF13 的额定电流值为 10A。
确认电加热水泵是否正常工作。

是，系统正常。

否，检查电加热水泵电源线路。

4）检查电加热水泵电源线路。

操作启动开关，使电源模式至 OFF 状态。

断开蓄电池负极电缆，并等待至少 90s 以上。

断开电加热水泵线束插接器 CA72。

断开前机舱熔丝继电器盒线束插接器。

测量电加热水泵线束插接器端子与前机舱熔丝继电器盒线束插接器端子之间的电阻值。

电阻标准值：小于 1Ω。

确认电阻是否符合标准值。

是，检查电加热水泵与空调控制器之间的线束。

否，更换或维修线束或插接器。

5）检查电加热水泵与空调控制器之间的线束。

操作启动开关，使电源模式至 OFF 状态。

断开蓄电池负极电缆，并等待至少 90s 以上。

断开电加热水泵线束插接器 CA72。

断开空调控制器线束插接器 IP80。

测量 CA72 端子 2（图 5-4-15）与 IP80 端子 8（图 5-4-16）之间的电阻值。

电阻标准值：小于 1Ω。

确认电阻是否符合标准值。

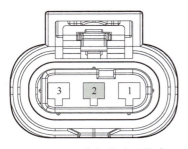

图 5-4-15　电加热水泵线束
插接器 CA72 端子 2

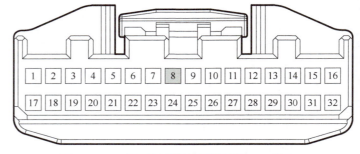

图 5-4-16　空调控制器线束插接器 IP80 端子 8

是，检查电加热水泵搭铁线路。

否，更换或维修线束或插接器。

6）检查电加热水泵搭铁线路。

操作启动开关，使电源模式至 OFF 状态。

断开蓄电池负极电缆，并等待至少 90s 以上。

断开空调控制器线束插接器 IP80。

断开电加热水泵线束插接器 CA72。

测量 CA72 端子 1（图 5-4-17）与车身搭铁之间的电阻值。

电阻标准值：小于 1Ω。

第 5 章　汽车空调制冷/暖风系统、通风系统的故障诊断

确认电阻是否符合标准值。
是，更换电加热水泵。
否，更换或维修线束或插接器。
7）更换电加热水泵。
操作启动开关使电源模式至 OFF 状态。
断开蓄电池负极电缆。
更换电加热水泵。
确认故障是否排除。
是，系统正常。
否，更换空调控制器。
8）更换空调控制器。
操作启动开关使电源模式至 OFF 状态。
断开蓄电池负极电缆。
更换空调控制器。
确认故障是否排除。
是，系统正常。

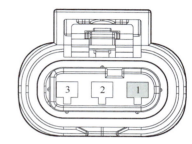

图 5-4-17　电加热水泵线束插接器 CA72 端子 1

五　汽车空调通风系统电路故障诊断与排除

1. 鼓风机电路故障

（1）电路图

查阅维修资料电路图，如图 5-5-1 所示。

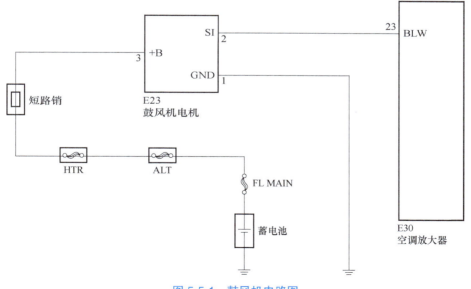

图 5-5-1　鼓风机电路图

（2）诊断步骤

1）使用诊断仪做主动测试。

选择主动测试中的以下项目，然后检查并确认鼓风机电机是否正常工作。

鼓风机电机：

最小：0。

最大：31。

正常，继续检查其他故障。

异常（鼓风机电机不工作），检查熔丝（HTR）。

异常（鼓风机电机工作，但不能改变速度），检查鼓风机电机。

2）检查熔丝（HTR）。

将 HTR 熔丝从发动机舱继电器盒和接线盒上拆下，如图 5-5-2 所示。

测量熔丝的电阻值，标准值见表 5-5-1。

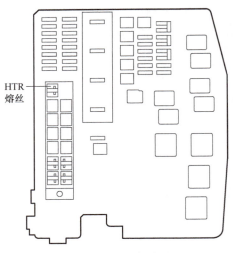

图 5-5-2　HTR 熔丝

表 5-5-1　HTR 熔丝标准电阻值

检测仪项目	条件	规定状态
HTR fuse	始终	小于 1Ω

正常，检查线束和插接器（鼓风机电机—车身搭铁）。

异常，更换熔丝（HTR）。

3）检查线束和插接器（鼓风机电机—车身搭铁）。

断开鼓风机电机插接器。

根据图 5-5-3 和表 5-5-2 测量电阻值。

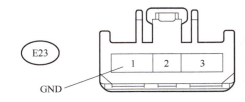

图 5-5-3　鼓风机电机插接器端子 1

表 5-5-2　鼓风机电机—车身搭铁正常时标准电阻值

检测仪连接	条件	规定状态
E23-1（GND）—车身搭铁	始终	小于 1Ω

正常，检查线束和插接器（鼓风机电机—蓄电池）。

异常，维修或更换线束或插接器。

4）检查线束和插接器（鼓风机电机—蓄电池）。

断开鼓风机电机插接器。

根据图 5-5-4 和表 5-5-3 测量电压。

正常，检查线束和插接器（空调放大器—鼓风机电机）。

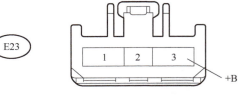

图 5-5-4　鼓风机电机插接器端子 3

第 5 章 汽车空调制冷/暖风系统、通风系统的故障诊断

表 5-5-3 鼓风机电机—蓄电池正常时标准电压

检测仪连接	条件	规定状态
E23-3（+B）—车身搭铁	始终	11~14V

异常，维修或更换线束或插接器。

5）检查线束和插接器（空调放大器—鼓风机电机）。

断开空调放大器插接器。

根据图 5-5-5、图 5-5-6 和表 5-5-4 测量电阻值。

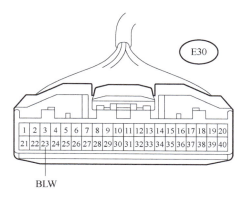

图 5-5-5　空调放大器插接器端子 23

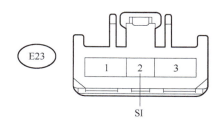

图 5-5-6　鼓风机电机插接器端子 2

表 5-5-4　空调放大器—鼓风机电机正常时标准电阻值

检测仪连接	条件	规定状态
E23-2（SI）—E30-23（BLW）	始终	小于 1Ω
E23-2（SI）—车身搭铁	始终	10kΩ 或更大

正常，检查鼓风机电机。

异常，维修或更换线束或插接器。

6）检查鼓风机电机。

将插接器重新连接至鼓风机电机。

根据表 5-5-5 测量空调放大器插接器侧的电压。

表 5-5-5　空调放大器插接器侧标准电压

检测仪连接	条件	规定状态
E30-23（BLW）—车身搭铁	启动开关：置于 ON（IG）位置	4.5~5.5V

正常，检查空调放大器。

异常，更换鼓风机电机。

7）检查空调放大器。

拆下空调放大器。

将插接器重新连接到空调放大器上，如图 5-5-7 所示。

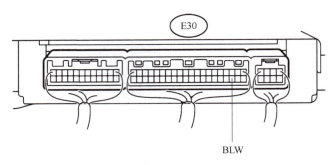

图 5-5-7 插接器连接到空调放大器

将启动开关置于 ON（IG）位置。

将鼓风机开关置于 ON 位置。

测量空调放大器端子 E30-23（BLW）和车身搭铁之间的波形，正常波形如图 5-5-8 所示。

> **提示**
> 波形随着鼓风机速度等级变化而变化。

正常，继续检查其他故障。

异常，更换空调放大器。

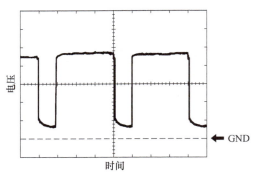

图 5-5-8 正常波形

2. 空气混合风门控制伺服电机电路（乘客侧）故障

（1）故障码

空气混合风门伺服机构发送脉冲信号，将风门位置告知空调放大器。空调放大器根据信号激活电机（正常、反向），将空气混合风门（乘客座椅）移动到任何位置，调节通过蒸发器后流过加热器芯的空气流量，以控制鼓风温度。

> **提示**
> 由于风门连杆或风门机械锁止时会输出此故障码，所以先确认不存在机械故障。

使用诊断仪读到的故障码，见表 5-5-6。

表 5-5-6 空气混合风门控制伺服电机电路（乘客侧）故障码

DTC 编号	DTC 检测条件	故障部位
B1441/41	即使空调放大器使空气混合风门控制伺服电机运转，空气混合风门位置传感器值也不改变	1. 空气混合风门控制伺服电机 2. 空调线束 3. 空调放大器

（2）电路图

查询维修资料电路图，如图 5-5-9 所示。

第 5 章　汽车空调制冷/暖风系统、通风系统的故障诊断

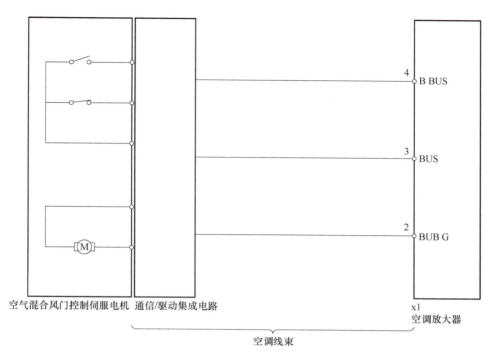

图 5-5-9　空气混合风门控制伺服电机电路图

（3）诊断步骤

1）读取数据流。

使用诊断仪读取空气混合风门控制伺服电机数据流。

操作空气混合风门控制开关。

乘客侧空气混合风门控制伺服电机目标脉冲：

最小：0。

最大：255。

正常状态：

MAX.COLD：92（脉冲）。

MAX.HOT：5（脉冲）。

正常，更换空调放大器。

异常，更换空气混合风门控制伺服电机。

2）更换空气混合风门控制伺服电机。

更换空气混合风门控制伺服电机。

提示

　　由于从车辆拆下时不能对伺服电机进行检查，应使用正常件将其更换，然后检查并确认状态是否恢复正常。

检查故障码。

未输出故障码 B1441/41，系统正常，结束。

输出故障码 B1441/41，更换空调线束。

3. 进气风门控制伺服电机电路故障

（1）故障码

风门伺服机构（进气控制）发送脉冲信号，将风门位置告知空调放大器。空调放大器根据信号激活电机（正常、反向），将进气风门移动到任何位置，以控制进气设置（新鲜空气、新鲜空气/再循环和再循环）。

> **提示**
> 由于风门连杆或风门机械锁止时会输出此故障码，所以先确认不存在机械故障。

使用诊断仪读到的故障码，见表5-5-7。

表 5-5-7 进气风门控制伺服电机电路故障码

DTC 编号	DTC 检测条件	故障部位
B1442/42	即使空调放大器使进气风门控制伺服电机运转，进气风门位置传感器值也不会改变	1. 进气风门控制伺服电机 2. 空调线束 3. 空调放大器

（2）电路图

查询维修资料电路图，如图 5-5-10 所示。

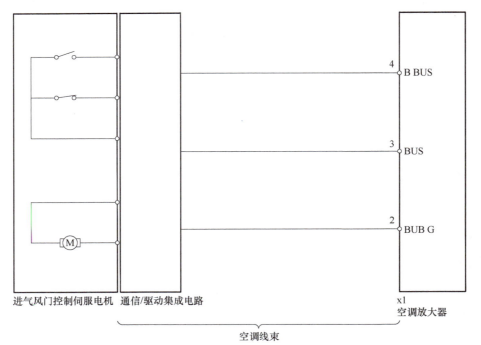

图 5-5-10 进气风门控制伺服电机电路图

第 5 章 汽车空调制冷／暖风系统、通风系统的故障诊断

（3）诊断步骤

1）读取数据流。

使用诊断仪读取进气风门控制伺服电机数据流。

操作再循环／新鲜空气开关。

进气风门目标脉冲：

最小：0。

最大：255。

正常状态：

RECIRCULATION：19（脉冲）。

FRESH：7（脉冲）。

正常，更换空调放大器。

异常，更换进气风门控制伺服电机。

2）更换进气风门控制伺服电机。

更换进气风门控制伺服电机。

> **提示**
>
> 由于从车辆拆下时不能对伺服电机进行检查，应使用正常件将其更换，然后检查并确认状态是否恢复正常。

检查故障码。

未输出故障码 B1442/42，系统正常，结束。

输出故障码 B1442/42，更换空调线束。

4. 出气风门控制伺服电机电路故障

（1）故障码

风门伺服机构发送脉冲信号，将风门位置告知空调放大器。空调放大器根据信号激活电机（正常、反向），将风门移至控制出风转换的任何位置。

> **提示**
>
> 由于风门连杆或风门机械锁止时会输出此故障码，所以先确认不存在机械故障。

使用诊断仪读到的故障码，见表 5-5-8。

表 5-5-8　出气风门控制伺服电机电路故障码

DTC 编号	DTC 检测条件	故障部位
B1443/43	即使空调放大器使出气风门控制伺服电机运转，出气风门位置传感器值也不会改变	1. 出气风门控制伺服电机 2. 空调线束 3. 空调放大器

175

（2）电路图

查询维修资料电路图，如图 5-5-11 所示。

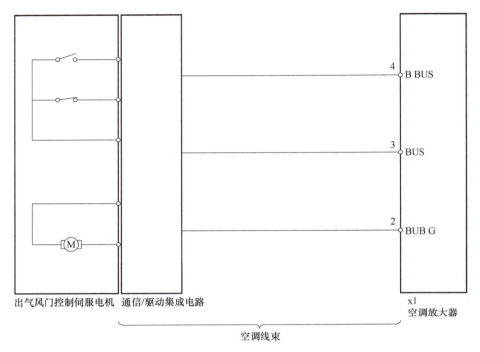

图 5-5-11　出气风门控制伺服电机电路图

（3）诊断步骤

1）读取数据流。

使用诊断仪读取出气风门控制伺服电机数据流。

操作出气风门控制开关。

驾驶员侧出气风门伺服电机目标脉冲：

最小：0。

最大：255。

正常状态：

FACE：47（脉冲）。

B/L：37（脉冲）。

FOOT：17（脉冲）。

FOOT/DEF：9（脉冲）。

DEF：5（脉冲）。

正常，更换空调放大器。

异常，更换出气风门控制伺服电机。

2）更换出气风门控制伺服电机。

更换出气风门控制伺服电机。

第 5 章　汽车空调制冷/暖风系统、通风系统的故障诊断

> **提示**
>
> 由于从车辆拆下时不能对伺服电机进行检查，应使用正常件将其更换，然后检查并确认状态是否恢复正常。

检查故障码。

未输出故障码 B1443/43，系统正常，结束。

输出故障码 B1443/43，更换空调线束。

5. 温度调节电机电路故障

（1）故障码

使用诊断仪读到的故障码，见表 5-5-9。

表 5-5-9　温度调节电机电路故障码

故障码	故障描述/条件
B118111	驾驶员侧温度调节电机对地短路
B118115	驾驶员侧温度调节电机对电源短路或开路
B118171	驾驶员侧温度调节电机堵转
B118211	前排乘客侧温度调节电机对地短路
B118215	前排乘客侧温度调节电机对电源短路或开路
B118271	前排乘客侧温度调节电机堵转

（2）电路图

查询维修资料电路图，如图 5-5-12 所示。

（3）诊断步骤

1）使用故障诊断仪读取故障码。

操作启动开关使电源模式至 ON 状态。

连接故障诊断仪，读取系统故障码。

确认系统是否存在故障码。

是，优先排除故障码指示故障。

否，检查模式执行器是否工作正常。

2）检查模式执行器是否工作正常。

操作启动开关使电源模式至 OFF 状态。

拔下热管理控制模块线束插接器 IP79、模式调节作动器插接器 IP92a。

用万用表分别测量热管理控制模块线束插接器 IP79 端子 2、21、13、14、32 与模式调节作动器插接器 IP92a 端子 7、5、4、3、6 之间的电阻值，如图 5-5-13、图 5-5-14 所示。

标准值：小于 1Ω。

确认电阻值是否正常。

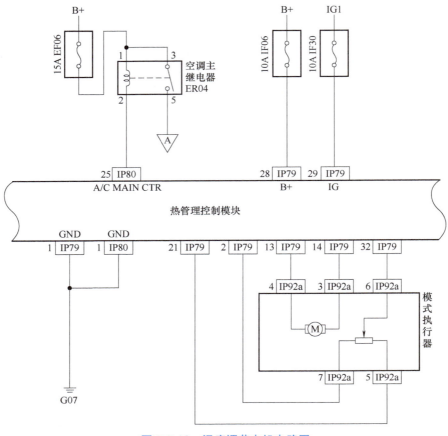

图 5-5-12　温度调节电机电路图

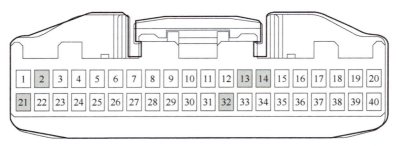

图 5-5-13　热管理控制模块线束插接器 IP79

是，更换模式执行器。
否，更换或维修相关线束。
3）更换模式执行器。
更换模式执行器后，故障排除。

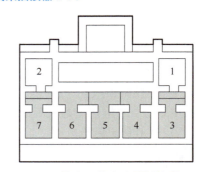

图 5-5-14　模式调节作动器插接器 IP92a

参考文献

[1] 杨智勇，边伟.汽车空调系统维修就这么简单[M].北京：机械工业出版社，2013.
[2] 陈虎，等.汽车空调系统构造原理与拆装维修[M].北京：化学工业出版社，2019.